逗号张文化
孕育幸福事
好孕系列

睡前轻松胎教故事

（全新升级版）

聂巧乐 编著

電子工業出版社
Publishing House of Electronics Industry
北京 • BEIJING

图书在版编目（CIP）数据

睡前轻松胎教故事：全新升级版 / 聂巧乐编著. — 北京：电子工业出版社，2019.1
（孕育幸福事 . 好孕系列）
ISBN 978-7-121-35213-3

Ⅰ. ①睡… Ⅱ. ①聂… Ⅲ. ①胎教—基本知识②儿童故事—作品集—世界 Ⅳ. ①G61②I18

中国版本图书馆CIP数据核字（2018）第236962号

逗号张文化
全案策划

策划编辑：牛晓丽
责任编辑：王　炜
印　　刷：北京富诚彩色印刷有限公司
装　　订：北京富诚彩色印刷有限公司
出版发行：电子工业出版社
　　　　　北京市海淀区万寿路173信箱　　邮编：100036
开　　本：889 × 1194　　1/24　　印张：8　　字数：211千字　　彩插：1
版　　次：2019年1月第1版
印　　次：2019年1月第1次印刷
定　　价：49.90元

凡所购买电子工业出版社图书有缺损问题，请向购买书店调换。若书店售缺，请与本社发行部联系，联系及邮购电话：（010）88254888，88258888。
质量投诉请发邮件至zlts@phei.com.cn，盗版侵权举报请发邮件到dbqq@phei.com.cn。
本书咨询联系方式：QQ 9616328。

前言

每个宝宝在出生时都具备像爱迪生、莎士比亚、贝多芬、毕加索那样的天才潜能。但如何帮助他们将这种天才潜能挖掘出来，并让其充分地发挥作用呢？答案就是：准爸爸和准妈妈对胎宝宝科学地进行胎教。

很多准爸爸和准妈妈把胎教看作一件很难的事。其实，胎教很简单。愉悦的心情、舒适的感受、平静快乐地交流，都是给胎宝宝最好的教育。给胎宝宝讲故事就是一项不可缺少的胎教内容，也是最简单、最易实施的胎教方法。

本书遵循中国父母的阅读欣赏习惯，精心挑选了大量轻松有趣的亲子胎教故事，能够帮助准爸爸和准妈妈在孕育宝宝的过程中启发胎宝宝的智慧，培养胎宝宝的爱心、品德及良好的性格。书中一个个生动有趣、积极向上、充满快乐的故事，会慢慢开启胎宝宝的智慧宝库。胎宝宝也会伴着准爸爸和准妈妈充满爱意的阅读，渐渐了解这个丰富多彩的世界，从而体验一次奇妙而快乐的孕育之旅。

准爸爸和准妈妈给胎宝宝讲故事时，请把胎宝宝当成一个大孩子，将你亲切的语音通过语言神经传递给胎宝宝，使胎宝宝不断地接受客观环境的影响。

本书还设置了两个小栏目，一个是“宝宝，妈妈想对你说”，将故事中的小道理讲给胎宝宝听，让胎宝宝学习、理解，并努力向美好的方向发展；另一个是“1 分钟胎教课堂”，主要提供一些科学、适当的胎教方法，以及准爸爸和准妈妈在胎教过程中的注意事项，非常贴心。

感谢参与本书编写的郝晓天、李宏声、李永、李蕴、刘建华、马广娟、庞硕、谭虹、童花错、晓湖、杨胡平、杨奇斌、于爱全、张春明、周墨耘，因为有他们的辛苦付出，这些精彩故事才得以呈现出来。

从现在开始，就和你的胎宝宝一起走进美妙的故事世界吧！

目录

PART 1 播下一颗爱的种子，爱的花朵将开满世界 / 11

PART 2

拥有一颗纯真的心，一生都会很快乐 / 51

PART 3

打开幸福的大门，让我们一起沐浴阳光 / 91

PART 4

点亮美德的明灯，为你指明方向 / 137

PART 5

插上智慧的翅膀，带你飞向成功之路 / 169

在这里，

爱是美丽的海螺姑娘，爱是深夜中的小精灵，

爱是传递在朋友手中的彩虹围巾，

爱是送星星回家……

宝宝，希望你听完这一个个有趣的爱心故事

能拥有一颗温暖的爱心，

一颗纯美的爱心。

PART 1

播下一颗爱的种子，爱的花朵将开满世界

准妈妈来读

亲爱的宝宝，从今天晚上开始，妈妈要给宝宝讲故事听了哦！希望宝宝能听着有趣的故事，在妈妈的肚子里健康快乐地成长。嗯，今天妈妈先给宝宝讲一个星星变成银币的故事。

星星银币

从前有一个小女孩，她长着一双明亮的大眼睛，就像黑宝石一样闪亮。可是，这样一个美丽的女孩子却连住的地方都没有，她只有身上穿的衣服和手上的一块面包，衣服和面包还是好心人送的。

小女孩四处流浪，花花草草是她的玩儿伴，小猫、小狗是她的朋友，她虽然贫困至极，却依然拥有一颗善良的心。有一次，她在郊外遇到了一个衣衫破烂的穷人，那个人很饿，他对小女孩说“美丽的姑娘，给我一点儿吃的吧，我真的是饿极了。”小女孩看着他可怜的样子，毫不犹豫地把面包递给了他。

穷人对小女孩说：“你把面包都给了我，你怎么办呢？”小女孩睁着闪亮的大眼睛说：“没关系的，你比我更需要它。”穷人说：“美丽的姑娘，你会因为自己的善良而得到回报的。”

跟穷人告别后，小女孩继续往前走，又碰到了一个小男孩。在寒冷的冬天里，小男孩穿得特别单薄，手和脚都露在外面，他缩在一个角落里瑟瑟发抖。小女孩毫不犹豫地脱掉了自己的外套和帽子，然后一起递给了小男孩。小男孩感激地说：“谢谢您，善良的姑娘，你会因为自己的善良而得到回报的。”

跟小男孩告别后，小女孩继续往前走，她走进了一片森林。这时天已经渐渐变黑，她看看四周，小心翼翼地往前走，想找一个休息的地方。突然，她的前面出现了一条泛着白光的小路，她觉得很奇怪，就沿着小路一直往前走，来到了一座房子前。

准妈妈对胎宝宝讲故事时，只有用积极、儿童化的语言，才能使胎宝宝获得愉快的情绪。而且，准妈妈乐观的情绪还有助于宝宝长大后更好地适应社会。所以，准妈妈应多用一些带有正面情绪色彩的语言，给胎宝宝带来更多的良性刺激。人们发现胎宝宝很喜欢那些赞许、亲昵的语言，如“多香的果子呀”“我们的小宝贝真棒”等。

“这是怎么回事呢？”就在小女孩觉得很诧异的时候，房子的门开了，迎面走来了一个长着白色翅膀的天使。天使对小女孩说：“美丽的姑娘，我在天上看到你把自己仅有的面包都给了穷人，又看到你把御寒的衣服和帽子都给了寒冷中的小男孩，你的善良打动了我。我想要送你一份礼物。”话音刚落，天上闪烁的星星就纷纷坠落在小女孩的面前，变成了货真价实的银币，而小女孩也在一瞬间穿上了温暖的棉袄。

天使对小女孩说：“这些银币都是送给你的，以后你的生活里将再也没有饥饿和寒冷。”小女孩很高兴，她向天使道谢后，捧起银币开心地离开了。

善良的小女孩会怎么使用这些银币呢？看啊，她在森林里盖起了小木屋，每个经过小木屋的流浪汉都会从小女孩那儿得到一枚银币，从此，大家都过上了远离饥饿和寒冷的生活。

宝宝，妈妈想对你说

小女孩关心饥饿的穷人和受冻的小男孩，她善良的举动感动了天使，最终不仅收获了许多的银币，还帮助了更多穷苦的流浪汉。宝宝，你以后长大了也要像小女孩一样，主动帮助他人，让世界更加美好，让世界充满爱哦！

准爸爸来读

嘿，宝宝，晚上好呀！我是爸爸！爸爸和妈妈刚吃完饭，宝宝吃饱了没有呀？想不想听爸爸讲故事？好，爸爸现在就给宝宝讲故事听喽！

考拉熊熊的客人

一大清早，小鸟们就在考拉熊熊的屋外叽叽喳喳地叫开了。考拉熊熊一骨碌从床上跳起来说：“今天小袋鼠要从很远的地方来做客呢！我得好好准备准备，迎接小袋鼠的到来。”

考拉熊熊打起精神，打量着乱糟糟的屋子，“我应该把房间通通打扫一遍。”他想。说干就干，考拉熊熊把散落在地上的玩具和故事书一一捡了起来，分别放入玩具箱和书架，又打了一大盆水，用抹布把小桌子和小柜子都擦得干干净净，还把床上的被褥统统换成了新的，摸上去柔软极了。

“这么温暖的床，小袋鼠一定会喜欢的！”考拉熊熊想。“接下来还得把院子收拾收拾呢。”考拉熊熊哧溜一下从树上溜了下来。

院子里的花草好久都没有打理了，长得乱糟糟的。考拉熊熊费了很大的力气，终于把杂草都拔了，把草坪也修剪了，还给花园里的花都浇了水，然后又摘了一大捧鲜花，插在花瓶里，放到了窗台上。

“多么美丽的鲜花呀，小袋鼠看了一定会很开心的！”考拉熊熊想。

他还把自己心爱的三轮车推了出来，放在院子里，等小袋

1分钟胎教课堂

胎宝宝最喜欢准爸爸的声音和爱抚。准爸爸应时常与胎宝宝说说话、哼哼歌，还可以经常隔着准妈妈的肚皮轻轻抚摸胎宝宝，胎宝宝对准爸爸手掌的移位动作能做出积极的反应。

鼠来的时候，就可以骑着玩了。一切都很完美，可是考拉熊熊总觉得还少了点什么。啊！对了，还得给小袋鼠准备好吃的午餐呢。

考拉熊熊来到山下的玉米地里，掰了一筐又大又黄的玉米棒，又跑到鸭子大婶开的蛋糕店，买了一个甜甜的巧克力蛋糕。对了，小袋鼠最爱吃蜂蜜了，考拉熊熊骑上三轮车，飞快地跑到了蜜蜂阿姨开的甜蜜蜜商店，买了满满的一大罐子蜂蜜，闻起来香甜极了。

有了这么多好吃的，小袋鼠一定可以吃得又香又甜又开心。考拉熊熊擦了擦满脸的汗水，开始安心地等待小袋鼠的到来。

他等呀、望呀，等太阳快升到大树头顶的时候，终于把小袋鼠盼来了！考拉熊熊高兴地拉着小袋鼠，走进自己家里。“快来看看我给你准备的东西！”考拉熊熊兴奋地说。

小袋鼠骑着三轮车在漂亮的院子里转了三圈，乐得哈哈大笑，说：“真好玩呀！”

小袋鼠吃了考拉熊熊准备的玉米、巧克力蛋糕和蜂蜜，咂巴着嘴开心地说：“太好吃了！”

玩累了，吃饱了，小袋鼠就来到了考拉熊熊的卧室，摸着小花被，说：“真柔软呀！好想在上面睡一觉。”又伸着鼻子嗅了嗅，说：“咦，好香呀！是什么东西？”

考拉熊熊指着窗台上的鲜花，说：“是我给你采的鲜花。”

小袋鼠开心地抱住了考拉熊熊，说：“今天真是太开心了，考拉熊熊，下次你去我家玩的时候，我也要这样招待你。”

宝宝，妈妈想对你说

考拉熊熊对好朋友小袋鼠的友爱，让小袋鼠感到那么开心！宝宝，以后你长大了，也会有很多好朋友，妈妈希望宝宝也能像考拉熊熊对待小袋鼠一样对待自己的好朋友，拥有属于你的快乐交际圈。

宝宝，你知道吗？你的到来，就是爸爸、妈妈最大的惊喜和快乐！我们想每天都这样陪着你，和你聊天，给你讲故事。你是上天送给爸爸、妈妈最大的喜悦！现在，给宝宝讲个好听的故事，也送给宝宝一个大大的喜悦吧！

哥哥，我错了

树洞里住着松鼠三兄弟。斑斑是老大，待人和气、又诚恳；老二是闪闪，待人有礼、又亲切，还特别聪明；兜兜是老三，是个让人操心的淘气蛋，结交了一群爱打架的小伙伴，老是闯祸。

大哥斑斑每次见到兜兜，总是气哼哼地批评他说：“兜兜，不要总跟爱打架的小伙伴玩了，每天早点回家，你知道家里人有多担心你吗？！”

头一两回，兜兜嘴上还答应着，可就是不改，后来干脆捂住耳朵，连听都不听大哥的话了。

闪闪见大哥斑斑的方法不起作用，就想用自己的方法试试。他对大哥斑斑说：“大哥，我来想办法吧。”

当天晚上，兜兜一进大门，便看到闪闪坐在客厅里等他。闪闪一点儿也不生气，和气地对他说：“兜兜，快回屋睡吧，太晚了。”

都这么晚了，二哥还在等他呢，兜兜不好意思地回屋睡觉了。

第二天一早，兜兜又跑出去找小伙伴玩了，一整天也没回家。到了晚上，他一进家门，发现二哥闪闪还像昨天一样，正在等他呢，并且温和地让他早点休息。

这次，兜兜却睡不着了，他想，要是二哥像大哥那样骂自己几句，心里倒会好过一点。

一连几天，无论多晚闪闪都会等着兜兜回来。最后一次，兜兜终于明白了二哥的心意，一看见二哥，他就哭了起来，说：“二哥，我错了，以后不会这样了。”

宝宝，妈妈想对你说

小松鼠斑斑和闪闪都很关心兜兜，虽然他们表达的方式不一样。宝宝，以后妈妈教育你的时候，可能会用不同的方式，有的方式你会很容易接受，也有的方式你可能会拒绝，但你一定要牢记一点，就是妈妈是爱你的！

准妈妈来读

宝宝，晚上好哦！爸爸正在给妈妈和你做香喷喷的饭菜，好香啊！妈妈觉得好开心哦！不过，妈妈要先给宝宝讲个好听的故事，让宝宝更开心，好吗？

海螺姑娘报恩

海生从小是个孤儿，吃百家饭长大，靠出海打鱼为生。海生年纪不小了，还没有成家，每天打鱼很辛苦，回到家里也没有人给做饭，常常会饿着肚子睡觉。

一天，海生又去出海打鱼了，这次捞上来一只海螺，非常漂亮。他很喜欢，于是就捡起海螺带回家，把她放在水缸里养起来。每天干活回来，他都要看看海螺，跟海螺说说话。

过了几天，海生打鱼回来，刚走到家门口，就看见自己家的烟囱在冒烟，他以为着火了，就赶紧跑进去看。进到厨房，见灶膛里的火烧得正旺，掀开锅一看，锅里还有饭和炒好的菜！谁做的饭呢？海生去问了周围的邻居，邻居都说没有做。这天海生饱饱地吃了一顿。

第二天、第三天，海生打鱼回家都有热乎乎的饭菜吃。

到了第四天，海生早早地赶回家，悄悄躲在厨房外面的窗户底下，想弄明白到底是谁给自己做的饭。过了一会儿，就听到屋里“咕咚”一声。海生忙站起身从窗口向里面看，只见水缸里金光一闪，跳出一个漂亮的姑娘。这个漂亮的姑娘边唱小曲边生火，做起饭来。

海生这下明白了，原来这几天给他做饭的是这个姑娘啊！海生慢慢走进厨房，轻轻地问：“姑娘，你是谁？为什么藏在我家的水缸里，还每天给我做饭？”

姑娘笑着说：“我是你带回来的那个海螺啊！你就叫我海螺姑娘吧。你把我养在水缸里，是救了我，我很感激你，看你每天出海打鱼非常辛苦，却常常没有饭吃，我想帮帮你。”

后来，海生爱上了海螺姑娘，两人结婚后，过上了相亲相爱的幸福生活。

1分钟胎教课堂

在各种不同的声音中，胎宝宝对妈妈的声音总是最熟悉的。准妈妈应多和胎宝宝说话，以刺激胎宝宝大脑的发育。但在跟胎宝宝说话时，准妈妈最好能将日常生活中的内容和表达的话语简化，如“宝贝，我们睡觉了！”或“宝宝，我们很爱你！”等，并经常重复对胎宝宝说，以加深胎宝宝对这些话的印象，增强胎宝宝的记忆力。

宝宝，爸爸、妈妈出来散步了。今晚的月色真好呀！瞧，月亮阿姨皎洁的光芒照在妈妈的脸上，显得妈妈多漂亮啊！月亮旁边的几颗星星正在对着宝宝眨眼睛呢！现在，妈妈要坐下来休息一下，还要给宝宝讲个好听的故事，乖宝宝是不是也很想听呀？

笛子和锤子

笛子用优美的笛声打动了很多人，也因此被乐师视为心尖上的宝贝，这让笛子觉得很骄傲。

有一天，乐师在路边捡到了一把锤子，就顺手插在腰间，赶往下一个演出地点。

笛子看着其貌不扬的锤子，仰起了高傲的头，不屑地说："你会什么，我能发出优美的声音！"

锤子沉默了一会儿，说："我会有用的。"

到了演出地点，安顿好之后，乐师带着笛子和锤子出门逛街去了。路过一间铁匠铺时，笛子看到铁匠正在用锤子打铁。

笛子心想："原来锤子可以用来打铁。这家伙肯定得意极了，真是不甘心。"可是，让笛子意外的是，锤子什么都没说。

乐师继续往前走，看到很多木匠正在盖房子。他们用锤子敲打着盖房子用的木材，让木材之间连接得更加结实。笛子心想："锤子竟然可以用来盖房子，真是不可思议！"

锤子依然沉默着，可笛子开始不淡定了："锤子能做的事情竟然这么多，而我只能吹出笛声。"想到这儿，笛子更加失落了。

第二天表演时，乐师依旧用笛子吹奏优美的乐曲，获得了观众们接连不断的掌声。就在这时，锤子跟笛子说："你真棒！听，这些掌声都是送给你的！"

笛子涨红了脸，跟锤子道歉说："对不起，之前我不该那么说你。你也很棒，能做那么多事情。"

锤子笑着说："我们的用处不一样，只要能帮助别人就很好。"从此以后，他们成了无话不谈的好朋友。

宝宝，妈妈想对你说

笛子最后认识到了自己的错误，知道不能以貌取人，还跟锤子道歉了，笛子的做法很好哦。宝宝以后长大了，不仅要学习笛子知错能改的精神，还要在交朋友的过程中避免以貌取人哦！

准妈妈来读

宝宝，你今天很开心是不是？因为妈妈感觉你正在跳舞呢，哈，好欢快呀！乖宝贝，只要你感到快乐，妈妈就感到快乐。不过，宝宝也该睡觉喽，听妈妈给你讲个动人的故事，好不好？

昆昆得救了

凤凰是百鸟的守护神，小鸟们在凤凰的守护下过着无忧无虑的生活，但是凶恶的老鹰不听话。

一天，小鹦鹉昆昆对鹦鹉妈妈说：“妈妈，我能自己出去找食物吃吗？”

鹦鹉妈妈说：“当然可以啊！宝贝，你长大了，应该学着自己去寻找食物了！”

昆昆欢呼着，拍打着翅膀飞走了，连妈妈的叮嘱都没顾上听。

昆昆在树林里东看看、西瞅瞅，对什么都感到好奇。忽然，一只凶恶的老鹰朝他猛扑过来。昆昆吓得“啊”的一声闭上了眼睛，心想：“这下可完了，老鹰一定会吃掉我的！”

就在这紧急时刻，一只美丽的凤凰箭一般冲了过来，与老鹰搏斗起来。没多久，老鹰就被凤凰赶跑了。

昆昆开心地冲上去，绕着凤凰飞了好几圈，不停地说：“谢谢你，凤凰！谢谢你，凤凰！”

凤凰抖了抖漂亮的羽毛，温和地望着昆昆，说：“小鹦鹉，你怎么独自一人出来了？树林里可充满了危险呀。”

“妈妈说我长大了，要学会自己寻找食物了。”昆昆说。

“嗯，你妈妈说得对，不过一定要注意安全。”凤凰点了点头，“我给你一只小哨子，一旦遇到危险，就吹响哨子，我和其他凤凰都会及时赶过来救你的。”凤凰递给昆昆一只漂亮的金哨子，就飞走了。

“你这孩子，怎么没听妈妈说完话就跑了，外面可不安全！”鹦鹉妈妈急匆匆地飞了过来。

昆昆举起了美丽的金哨子，得意地说：“看，凤凰给我的金哨子，它会保护我！”

1分钟 胎教课堂

准妈妈在知、情、意、行的每个方面都会对胎宝宝后天发展有一定影响，因此准妈妈要对怀孕有正确的认识，即把胎宝宝看作是爱的结晶，对其倾注爱心。另外，准妈妈还要养成良好的行为习惯，处处以身作则，用良好的思想情感影响胎宝宝。

准爸爸来读

听妈妈说，你又在她肚子里翻跟头呢！妈妈都被你累到啦！小样儿，你还没出生，就给了妈妈一个下马威，是不是在检验妈妈是否合格呀？乖宝宝，来休息一下，听爸爸给你讲个蓝眼兔的故事吧。

喜欢乱扔垃圾的蓝眼兔

宝宝，妈妈想对你说

蓝眼兔在树林里扔垃圾是个坏习惯，不过扔树种子却变成了一件好事。可见，即便一件事情刚开始做得并不好，但只要用心改正，就能把这件事变成一件好事。宝宝也要像蓝眼兔学习，把不好的习惯改成好的习惯哟！

蓝眼兔有一个非常不好的习惯，那就是喜欢随手丢垃圾。

蓝眼兔吃了香蕉，把香蕉皮随手向后一扔，香蕉皮在空中划出一道弧线后，“吧嗒”一声掉在地上。呴呴猪正好踩在香蕉皮上面，只听见“哎哟”一声，滑了一下，摔了个猪啃泥。

蓝眼兔吃完苹果，把剩下的苹果核随手向旁边一扔，苹果核在空中划出一道弧线后，“吧嗒”一声落在了黄裙子象阿姨的衣服上，出现了一大片污渍。这可是黄裙子象阿姨花了半天工夫才洗干净的衣服呀！蓝眼兔吃完桃子后，将桃核随手向一边扔去，只见桃核在空中划出一道弧线后，不偏不斜地飞进了山羊爷爷的嘴里，原来山羊爷爷正在张大嘴巴打哈欠呢！没想到会有一个桃核“嗖”地飞到他嘴里，害得山羊爷爷咳嗽得眼泪鼻涕直流，折腾了半天，才将桃核从嘴巴里吐出来。

这样一来，就没有人再和蓝眼兔玩了。

蓝眼兔很难过，想改正自己乱丢垃圾的坏习惯。可是蓝眼兔几天不扔手中的东西，就会感到不舒服。

一天，蓝眼兔一个人来到树林里，这里没有别人，他可以随手丢垃圾了。蓝眼兔吃完杏子，将杏核向树林里丢去。吃完桃子，将桃核向树林里丢去。吃完苹果，将苹果核扔向了树林深处。

第二年春天，这片树林里长出了几棵杏树苗、桃树苗和苹果树苗。

在小松鼠的精心照顾下，这几棵果树苗长得很快。小松鼠给写蓝眼兔写了封信：

1 分钟胎教课堂

怀孕 4 个月是胎宝宝情感发育的关键时期。在这期间，准爸爸和准妈妈要保持家庭的和睦，生活工作氛围也要愉快而轻松，让准妈妈能够时刻感受到生活的美好，并对腹中的胎宝宝充满深深的爱，这些对胎宝宝将来良好性格的形成是十分关键的。相反，如果夫妻关系不和，人际关系紧张，甚至充满厌恶与敌意，或准妈妈不喜欢胎宝宝，时时感到厌烦，就会让胎宝宝感到痛苦，将来也可能会形成孤僻懦弱、自卑多疑等性格。

蓝眼兔看完信后，开心极了。想不到自己无意中乱丢的垃圾，还可以帮助别人。

接下来，蓝眼兔收集了很多树的种子，将这些种子和【huò】在柔软的泥巴里，扔到了光秃秃的悬崖峭壁上。蓝眼兔以前常乱扔垃圾，所以扔起来这些泥团来，一扔一个准。

一场春雨过后，光秃秃的悬崖峭壁上长出了各种各样的小树苗。到了夏天，小树苗长成了大树。过不了多久，这里将变成另一片树林。

大家都夸蓝眼兔干得好，蓝眼兔的心里别提有多高兴啦！

蓝眼兔给自己定了一个目标：以后要向秃秃的山岗上多扔和了树种子的泥团，直到变成森林为止。

准爸爸来读

嘿，小宝贝儿，今天乖不乖呀？爸爸来给宝宝讲故事啦！今天，爸爸新读了一个齐景公的故事，想讲给乖宝宝听。让爸爸猜猜，宝宝喜不喜欢听呢？嗯，如果宝宝喜欢，就在妈妈的肚子里拍拍手吧！

齐景公和小麻雀

齐景公是春秋时期齐国的君主。他很爱玩，玩什么呢？一次他来了兴致，突然对身边的侍卫说：“走，掏鸟窝去。”

侍卫跟着他跑到花园里，找到一窝小麻雀，说：“大王，快来看，这里有一窝麻雀。”

齐景公高兴地将手伸进了鸟窝，掏出来一看，麻雀太小了，有一只还没有睁开眼睛呢。于是，齐景公又将小麻雀放回了窝里。

这时，上早朝的时间到了。正好第一个到早朝的人是大学问家晏子，他一看齐景公满脸淌汗，帽子也跑歪了，就问：“大王，您这是怎么了？”

齐景公说：“刚才跑园子里掏麻雀窝去了，不料麻雀太小了，就又将它们都放回窝里了。”

晏子一听马上后退了几步，朝齐景公拜了两拜，又对齐景公说：“大王，您真是位大仁大义的君主啊！”

在怀孕期间，准妈妈心情愉快是非常重要的。这不仅关乎自己的健康，还会影响到胎宝宝的成长。所以，在妻子怀孕期间，准爸爸要尽量让妻子开心一点，帮助妻子调整情绪。比如，为妻子买一束她喜欢的鲜花回家，当妻子接过鲜花时，也接过了一份美丽的心情，她腹中的宝宝也会同样感到欣喜。

晏子的话倒把齐景公说糊涂了，他不解地问：“这跟仁义的君主有什么关系呢？”

晏子说：“您看到麻雀小，又将它们放回窝里，这就是您爱护幼小的表现啊。对小麻雀您都有这样的慈爱之心，更何况是人呢？这正是仁爱君主该做的事啊！”

晏子没有说错，齐景公治理国家58年，在这期间，他的国家很富足，老百姓也生活得很好，有吃有穿，这在古代是很难得的。

准爸爸来读

嘿，爸爸的小乖乖，你是不是又在妈妈的肚子里打拳呢？爸爸都看到你的小拳头啦！真是越来越棒了！作为对乖宝宝的奖励，爸爸就给宝宝讲一个有趣的小故事吧！

谁先过桥

今天真是个好天气啊，小驯鹿打算去森林里好好玩一玩，呼吸一下新鲜又凉爽的空气，再吃点散发着清香的小草，那多美呀！

可是，要到森林里，就必须先过一座独木桥。

小驯鹿蹦蹦跳跳地来到桥边，刚要过桥，忽然看见对面有一只雪橇犬，也准备过桥。原来，雪橇犬早上醒来后，发现今天是爸爸的生日，于是就一大早跑到森林里采蘑菇，准备给爸爸做一个蘑菇蛋糕。

雪橇犬刚走上独木桥，就发现前面有小驯鹿挡住了去路，他着急地说：“小驯鹿，我今天很忙的，让我先过去吧。”

小驯鹿不乐意了，说：“明明是我先来到桥边的，为什么让你先过去？”

小驯鹿、雪橇犬互不相让，站在桥的两头，你一言我一语吵了起来。

正当他们吵得不可开交时，一只黄鹂鸟拍着翅膀飞过来。黄鹂鸟说：“你们这样吵来吵去的，什么时候才能过桥呀！”

啊呀！黄鹂鸟说得对，再这么吵下去，天都要黑了！

这时，雪橇犬开口了：“算了，还是让小驯鹿先过去吧。”

小驯鹿听了雪橇犬的话，觉得很不好意思。他连忙对雪橇犬说：“还是你先过吧，你比较着急！”

黄鹂鸟笑着说：“这才对嘛！”

小驯鹿和雪橇犬也都开心地笑了。

1分钟胎教课堂

准爸爸和准妈妈要经常给胎宝宝讲故事，如小白兔、小花猫、鲜花、森林、大自然等，尽管胎宝宝还听不懂，但清晰的话语和柔和的音调，能让胎宝宝感受到美妙和谐的意境和美丽多彩的世界，使胎宝宝的心智得到启迪。

宝宝，妈妈想对你说

在黄鹂鸟的启发下，小驯鹿和雪橇犬都认识到了自己的错误，开始互相谦让起来。其实，在和别人发生矛盾时，如果每个人都能宽容一些，各自退让一步，矛盾就会迎刃而解。

准爸爸、准妈妈都可读

小宝贝，你睡着了没有啊？要是没睡着，想听故事吗？宝贝儿，爸爸、妈妈好爱你，你知道爸爸、妈妈多么期盼你的到来吗？哈，宝宝又在踢妈妈的肚皮了。好，就让爸爸、妈妈给宝宝讲个好听的故事吧！

淘气的小狮子

狮王把森林治理得井井有条，却常被自己的儿子小狮子弄得头疼不已，因为小狮子实在是太淘气了。小狮子喜欢恶作剧，有时把刺猬放在狮王的凳子上，狮王一坐下去就被扎得屁股上都是刺，一疼就是好几天；有时跑去兔子家，把兔子家菜园里的胡萝卜苗都拔掉；有时把猫好不容易抓到的鱼偷偷倒回河里……这样的事情数不胜数，让森林里的动物们都很气愤，都骂他："真是个坏孩子！"

狮王看着调皮捣蛋的儿子，愁得吃不下饭、睡不着觉。后来，他想了一个好办法——给小狮子请个老师。狮王有一个老朋友——老鹰，因他常年四处飞，见多识广，而且很凶猛，是非常合适的老师人选。于是，狮王给小狮子收拾行李，把他送到了老鹰的家。

刚到老鹰家，小狮子依旧一副调皮捣蛋的样子：在老鹰的汤里加了醋，让他酸得直皱眉；把老鹰装食物的袋子弄一个洞，老鹰一晃食物就掉一点儿下来，最后掉了一路……直到有一天，小狮子看到老鹰捕捉猎物的勇猛样子，心里充满了崇拜。他开始央求老鹰教教这个本事，老鹰说："学本事很辛苦的，你能坚持吗？"小狮子坚定地说："能！"于是，小狮子正式跟老鹰学起捕猎的本事来。

捕猎的第一步是要学会飞。老鹰告诉小狮

子：“你一直往前跑，然后往上跳，挥舞你的手臂，然后就会飞得很高的。”小狮子照做了。

小狮子跑啊跑，跑着跑着，就跳了起来。他挥舞着双臂，高喊：“我会飞喽！”可是，几秒钟之后，小狮子就掉在了地上，摔了个鼻青脸肿。

老鹰不好意思地说：“啊，我忘了，你没有翅膀。要不这样吧，我教你怎么抓猎物吧。”老鹰告诉小狮子，自己都是躲在树顶上，看到田鼠出来时，立即飞下来把它抓住。小狮子照做了。他在老鹰的帮助下，爬上了树顶，然后就一直盯着地上看。等了一下午，终于看到一只田鼠出现了，就急忙“飞”下来想要抓住田鼠。可是，只听见“嘭”的一声，小狮子摔了个“狗啃泥”，他这才想到，自己没有翅膀，根本就飞不了！

于是，老鹰决定教小狮子筑巢。老鹰把小狮子带到海边的一棵大树前，说：“从今天开始，你要在这里筑巢，我会教你，一直到你学会为止。”老鹰帮助小狮子爬到了大树的树顶，让他把背上的草放下，开始教他筑巢。可是，没过多久，只听见“啊”的一声，小狮子掉进了海里。原来树上太滑了，小狮子在搬运草时脚底一滑，就掉了下去。

小狮子在海里游啊游，好不容易游到岸上，他赶紧趴在沙滩上，想把喝进去的海水吐出来。

小狮子很想回森林里，可是狮王老爸规定的一年时间还没到，他只好“坚持”跟着老鹰学本领，每天都吃尽了苦头。

一年终于结束了，小狮子连忙收拾行李跑回了森林。这次，他不再淘气了，而是认认真真地跟狮王学本领，因为他再也不想离开自己的狮王老爸了。

宝宝，妈妈想对你说

淘气的小狮子吃了那么多苦头，终于变得听话了。可是，如果一开始小狮子就听狮王爸爸的话，那就不用吃苦头了。宝宝，你以后要乖乖听爸爸的话哦！

1分钟胎教课堂

当准妈妈恶心欲吐的时候，不用急着到水池边去吐，这只是一时的“害喜”反应。在吃东西的时候，多想想肚子中的胎宝宝，告诉自己：“这些食物很好吃，都是我喜欢吃的，也是胎宝宝要吃的，吃一些我就不会再恶心、呕吐了。”这种心理暗示对缓解准妈妈的妊娠反应会有所帮助。

准妈妈来读

宝宝，你知道吗？咱们生活的地球上有两个极端，一个是南极，一个是北极，这两个地方生活着完全不同的动物呢！接下来的故事就是关于这两个地方的。

企鹅和北极熊

在南极，有一只企鹅想看看外面的世界，于是不停地往北走。

在北极，有一只北极熊想看看外面的世界，于是不停地往南走。

最后，他们在赤道相遇了。

企鹅问："你是谁？长得好奇怪呀！"

北极熊问："你是谁？长得好奇怪呀！"

"你先说，是我先问的。"

"不，你先说！"

"不说算了，真是个傲慢无礼的家伙。"

"不说算了，真是个又笨又蠢的家伙。"

"你才又笨又蠢！"

"你才傲慢无礼！"

他们就这样吵了起来。太阳在头顶上晒着，热得他们浑身冒汗。最后，企鹅支持不住，晕倒了。

北极熊慌了。他背着企鹅，来到了一条小河边，把清凉的河水泼在企鹅的身上。企鹅渐渐苏醒了。

"刚才你热坏了……说实话，我也快热晕了，这样

的天气，对于我们北极熊来说，实在是难以忍受。”北极熊手足无措地说。

“你是从北极来的北极熊？”企鹅吃惊地问道。

北极熊点点头。

“谢谢你。我是企鹅，我来自南极。”

这下轮到北极熊吃惊了。

“一只小小的企鹅能从南极走到这里，实在是太了不起了！看你样子笨笨的，没想到这么勇敢！”

企鹅红了脸，说：“你也一样。其实你样子憨憨的，很可爱，内心也很善良。”

他们就这样和解了，一起聊天，一起下河捉鱼吃。

企鹅向北极熊描述了南极的世界和她一路的见闻，北极熊向企鹅描述了北极的世界和他一路的见闻。

“真好，世界的另一端我不用去啦，因为你全告诉我了！”北极熊说。

“真好，世界的另一端我也不用去啦，因为你也全告诉我了！”企鹅说。

他们挥手告别，各自向来时的路走去。

“我会想念你的！”北极熊挥着爪子大声地说。

“我也会想念你的！”企鹅挥着翅膀大声地说。

北极熊回到了北极。冰天雪地里，北极熊想着世界的另一端还有一只企鹅在想念自己，心里暖暖的。

企鹅回到了南极。冰天雪地里，企鹅想着世界的另一端还有一只北极熊在想念自己，心里暖暖的。

宝宝，妈妈想对你说

虽然北极熊和企鹅一开始争吵起来，但是，看着企鹅晕倒了，北极熊立刻就忘记了他俩的争吵，并且开始帮助企鹅。宝宝，你要向北极熊学习，在朋友需要的时候，要尽力帮助他。

1 分钟胎教课堂

在怀孕 5 个月的时候，准爸爸和准妈妈可以多用触压和拍打的方法对腹中的胎宝宝进行良性刺激。具体方法是：准妈妈平躺，放松腹部，先将手放在腹部，用心地去感知胎宝宝的身体，然后顺时针轻柔地抚摸胎宝宝，一边抚摸一边对胎宝宝传递爱与关注，也可以一边抚摸一边聆听轻柔的音乐。开始时每次进行 5 分钟，等胎宝宝逐渐适应后，每次可进行 5~10 分钟。

准妈妈来读

晚上好呀，我可爱的小宝贝！又过了美好的一天，妈妈正站在阳台上，轻风吹拂，一点睡意也没有。看，对面那些楼里还亮着很多灯呢，像是天上的星星，这些星星宝宝怎么还不睡觉呢？是不是也在等着月亮妈妈讲故事呢？现在妈妈就给宝宝讲个小故事听吧！

1分钟胎教课堂

在怀孕期间，准妈妈每餐所摄取的食物，会通过某种渠道传递给胎宝宝，随之胎宝宝也会认同这种食物的口味。这可能就是人们在食物口味偏好方面的最初根源。如果准妈妈在怀孕或哺乳期间能尽量保持食物荤素均衡，不挑食、不偏食，那么胎宝宝在出生和长大后也会愿意接受各种食物，不会出现严重的偏食现象。

骄傲的飞天鼠

小小的飞天鼠有一项特别的本领，他会飞！你看，他只要伸展开四只爪子，背部的皮毛就会随着张开，就像翅膀一样；他只要张开四肢用力一跳，就能滑翔到很远很远的地方，看起来就像鸟儿在飞一样。

小松鼠夸他说：“你真棒啊，飞天鼠，我多希望像你一样飞起来！”

小燕子夸他说：“好样的，你可是我见过的第一只会飞的松鼠呢！”

飞天鼠因此非常得意，不过他可不承认自己是松鼠呢，虽然大家的名字里都有一个“鼠”字，可只有他才能飞，他是不一样的。

骄傲的飞天鼠从来也不跟其他的小动物玩儿，他觉得只有自己是最棒的。有时候，他甚至觉得自己比鸟儿飞得还好呢！

这一天，森林里举办运动会，骄傲的飞天鼠也报名了，他要参加飞行比赛。

飞行比赛正式开始了，裁判员的枪声一响，飞天鼠就飞快地朝前飞去，他得意扬扬地朝四周看去，发现没有一个人为他鼓掌，大家都冲着他头顶上欢呼呢。飞天鼠抬头一看，是小燕子和云雀，他们时而震动翅膀，时而展翅滑翔，姿势好看极了，速度非常快，把他远远地甩在了后边。

最后，飞天鼠得了飞行比赛的倒数第一，从那以后，他再也不骄傲了。

宝宝，妈妈想对你说

飞天鼠会飞，这是一个很棒的本领，可是他太骄傲了，总觉得自己最棒，看不上别人，这不仅让他失去了很多朋友，也让他遭遇了飞行比赛的失败！

准妈妈来读

宝宝，妈妈刚刚喝了一杯香喷喷的牛奶，还听了一些胎教音乐，现在感觉真是惬意极了！乖宝宝，你感觉怎么样呢？开心吗？妈妈再给宝宝讲个故事吧！

保护鸳鸯宝宝

在河边的大树洞里，住着鸳鸯一家，他们每天都要去河里游泳嬉戏。

看，鸳鸯爸爸和鸳鸯妈妈正带着8只刚出生的小鸳鸯在河边散步呢。小鸳鸯出生没几天，走起路来跌跌撞撞，有2只被树根绊倒了；有3只扭打成一团，在地上滚了起来；还有3只摇摇晃晃地围着石头打转。

这时，灰爪和黑嘴两只老鹰飞了过来，他们是出了名的大坏蛋。灰爪对黑嘴说："这些小鸳鸯肯定美味极了，我们抓两只来饱餐一顿吧！"

只见灰爪偷偷地绕到了鸳鸯一家背后的大树上，黑嘴则飞到鸳鸯爸爸面前，"哇"地叫一声，摆出了挑战的姿势。

鸳鸯爸爸扇动着翅膀，朝黑嘴冲了过去。可是，前来挑战的黑嘴反而后退了几步，一边退一边向鸳鸯妈妈大声吼叫，想吸引鸳鸯妈妈也来进攻自己。一旦鸳鸯妈妈离开了小鸳鸯，在树上躲着的灰爪就会趁机抓走两只小鸳鸯。

不过，鸳鸯可是很有智慧的动物，无论眼前的黑嘴怎么挑衅，鸳鸯妈妈都没有离开小鸳鸯一步。在鸳鸯爸爸勇敢的抗争下，灰爪和黑嘴周旋了半天，仍然无法靠近小鸳鸯们。

"咕噜噜……"灰爪和黑嘴的肚子已经饿得咕咕叫了，他们也没有力气再与鸳鸯一家周旋，只好灰溜溜地飞走了。

宝宝，妈妈想对你说

鸳鸯爸爸和鸳鸯妈妈可真聪明，他们为了保护鸳鸯宝宝非常努力呢！宝宝，爸爸和妈妈也会像他们一样，努力地保护你哦。

1分钟胎教课堂

准妈妈和准爸爸在对胎宝宝说话时，要注意放慢语速，不要太快。研究表明，语速快的声音难以传递到胎内，女性的高声调尤其如此。因此，对胎宝宝说话不仅要慢条斯理，还要满怀情感，用充满美好感情的语言对胎宝宝说话，胎宝宝会感到很开心，这对刺激胎宝宝的听觉发育和培养丰富的情感非常有益。

准爸爸、准妈妈都可读

宝宝，爸爸和妈妈现在躺在床上，准备睡觉了。不过，宝宝好像还没准备睡觉啊，你偷偷地给了妈妈一脚，被妈妈发现了！好吧，现在爸爸、妈妈就给宝宝讲个小精灵的故事，希望宝宝在听完这个有趣的故事后，也乖乖地睡觉哦！

夜晚的小精灵

裁缝阿木家里实在太穷了，他的裁缝铺生意惨淡，别说挣钱了，现在连布匹和针线都快买不起了。

这一天，他用裁缝铺里最后一块棉布做了一条裙子。阿木叹着气，依依不舍地打量着裁缝铺，如果他再没有钱买布，并做出衣服来卖掉的话，这家裁缝铺就要被房东收走了。

一切只能听天由命了，阿木无奈地关上了裁缝铺的门，回家了。

第二天天刚亮，阿木就来到了裁缝铺。

“天啊！这是怎么回事？是谁帮我做的这么漂亮的裙子？”阿木惊叫道。是啊！你瞧！他的工作台上竟放着一条已经做好的裙子。

就在这时，一位顾客进来了，说：“好漂亮的裙子，哦，请把这条裙子卖给我吧，这是我见过的最美的裙子了。”顾客买下了这条裙子，还付给了阿木双倍的钱。门外的人也看到了那条裙子，便纷纷给阿木交了定金。

工作台上摆了一大堆的钱，房东一来就笑得眉眼开花，还没等阿木说话，就拿着房租钱走远了。

天知道，那么漂亮的裙子是怎么做出来的！阿木着急地在屋子里转着圈子。可是总得做点什么吧。阿木拿着剩下的钱去买了针线和布料，开始做裙子。

1分钟胎教课堂

优美的旋律是父母与胎宝宝之间交流的桥梁，是能被胎宝宝直接感受到的、相互交流感情的最佳通道。从妊娠第5个月起，准妈妈就可以有计划地采用哼唱谐振法进行胎教了。

研究显示，准妈妈给胎宝宝唱歌，体内会分泌出大量的免疫球蛋白，可以增强母体与胎宝宝的抵抗力。同时，准妈妈歌唱时，胸腔和腹腔会产生振动，与子宫内的羊水可以产生很好的共振，对胎宝宝产生良性的刺激，促进胎宝宝的健康发育。

忙碌的一天很快就过去了，第二天，当阿木来到裁缝铺时，他发现工作台上又多了一条非常漂亮的裙子。此后，第三天、第四天……每天早晨，阿木都能在自己的工作台上发现更加漂亮的裙子。同时，细心的阿木还发现，他放在工作台上的水果变少了。

这天晚上，他没有回家，而是悄悄躲在裁缝铺的角落里。因为他想弄清楚，到底是谁在帮他做裙子！

半夜时分，一个拇指大的小精灵出现了。只见他扇动着透明的翅膀，围着阿木做好的裙子飞了一圈，洒下一些亮晶晶的粉末，奇迹发生了。那条普通的裙子发出了闪亮的光彩，变成了特别漂亮的裙子。

“谢谢你，小精灵。”阿木跑了出来，把小精灵吓了一跳。

小精灵并不说话，只是笑着摇了摇头，抱起了一个红苹果，一下子消失了。

为了感谢小精灵，每天晚上，阿木都会准备一些美味的水果放在工作台上。从这以后，裁缝铺的生意越来越好，阿木再也不用为钱发愁了。

宝宝，妈妈想对你说

阿木在小精灵的帮助下，摆脱了生活的艰难。阿木也知恩图报，为小精灵准备了香甜的水果。宝宝，这个小故事告诉我们：任何时候都不要吝啬自己的爱心。当我们有能力时，就向需要帮助的人伸出援助之手，这很可能会让别人在逆境中峰回路转。而我们自己，也会从中得到回报和感动。

准妈妈来读

亲爱的宝宝，这么晚了你还在妈妈的肚子里做运动呢！妈妈的肚皮上都能看到你的小手了。小样儿，别淘气了，宝宝要是爱妈妈，就不要踢妈妈啦！安静一会儿，听妈妈给你讲个小熊拾金不昧的故事吧。

小熊，你真好

春天到了，小熊贝尔从漫长的冬眠中醒了过来。他揉了揉饿了一个冬天的肚子，决定去外面找点吃的，美美地饱餐一顿。

森林里一片绿意盎然，一阵风吹过，一股甜香的味道扑鼻而来。贝尔吸了吸鼻子，“这是什么味儿呢？这么香！”他一边吸着鼻子，一边沿着香甜的气味找了过去。哇！原来是蜂蜜，眼前的小路上正放着一大罐子又香又甜的蜂蜜呢！

是谁把蜂蜜忘记在这里了？真是个马大哈！贝尔咽了咽口水，抱起了蜂蜜罐子，决定去寻找蜂蜜的主人。也许主人会分一点蜂蜜给他尝尝呢，他想。

贝尔抱着罐子向前走去，迎面遇上了兔子皮特。他就问：“皮特，这桶蜂蜜是你的吗？”

“不是，我不吃蜂蜜。可能是小猪比格的。”皮特摇了摇头回答道。

贝尔又提着蜂蜜来到小猪家，问：“比格，这桶蜂蜜是你的吗？”

1分钟胎教课堂

在准妈妈的子宫中，胎宝宝如果能够感受到温暖和安全，他的性格就会变得温和善良，充满爱心。在准妈妈的肚子里，胎宝宝若能感受到家人的疼爱与生活的美好，就会在潜意识中对生活充满希望和热爱，体会到生活中的快乐，形成外向、乐观、积极、果敢的性格。这对宝宝日后的身心发育具有十分重要的意义。

“不是，那蜂蜜可能是鼹鼠匆匆的。”比格摆了摆手说。

贝尔又提着蜂蜜准备去寻找鼹鼠匆匆。这时，一只小鼹鼠火急火燎地跑过来，边跑边四处张望。贝尔一看，这不正是冒失鬼匆匆吗。贝尔说：“匆匆，快看看，这是不是你丢的蜂蜜？”

“啊！正是我丢的蜂蜜。”匆匆开心地抱住了罐子，“谢谢你。贝尔，你真好！”为了感谢贝尔，匆匆决定送给贝尔半罐蜂蜜。贝尔高兴得跳了起来，你看，他吃得多香啊！

宝宝，妈妈想对你说

小熊没有偷偷吃掉那罐蜂蜜，而是找到了失主小鼹鼠匆匆，把蜂蜜还给了他。匆匆为了感谢小熊，还送给他半罐蜂蜜呢！宝宝，妈妈希望你长大后，也能像小熊那样，做一个诚实、懂事的好宝宝！

准爸爸来读

宝宝，今天就由爸爸来给你讲个故事吧！这是一个关于军事家韩信的故事。

宝宝，妈妈想对你说

韩信小小年纪就努力地学习和练武，长大以后才成为了有名的军事家。宝宝，你以后也要努力地学习，争取实现自己的梦想哦！

韩信报恩

韩信从小志向远大，一心想通过读书、习武得到一个很好的前程。可他家很穷，如果他整天读书、练武，就没时间种地了。于是，他想了个办法，边读书边钓鱼，然后将鱼卖掉，换粮食吃。

这天，韩信又去河边钓鱼了，半天也没钓上来一条鱼，看来今天又得饿肚子了。这时，一个老婆婆抱着一篮子衣服走过来，准备去河里洗。

老婆婆见韩信闷闷不乐，就问他：“小伙子，钓到鱼了吗？”

韩信摇了摇头。

“钓鱼可不能着急，有耐心才能钓到大鱼！”老婆婆安慰他。

韩信叹了口气：“我今天的书还没看完呢，肚子饿得咕咕叫，练武也没力气了。”

老婆婆见韩信这么小的年纪，就这么认真学习、练武，还要钓鱼养活自己，很是感动，也很可怜他，就对他说：“我虽然也很穷，但还能靠着给人家洗衣服、缝缝补补赚点小钱，只要我有吃的，就有你的饭吃。”

从此以后，老婆婆每天都给韩信送饭菜，从不间断，韩信很感动。他对老婆婆说：“婆婆，等我长大了，一定好好报答您。”

老婆婆听了却很生气，说：“我给你饭吃不是为了让你报答我。”

韩信听了特别感动。从此，他更加用功地学习、练武，果然成为了一位杰出的军事家，并且亲自上门拜谢了老婆婆当年的恩情。

1分钟胎教课堂

胎教不仅仅是准爸爸、准妈妈的工作，家庭中的其他成员，如爷爷、奶奶、外公、外婆等也都可以参与到胎教之中。在妊娠期间，如果所有家庭成员都努力营造轻松、愉快的生活氛围，不给准妈妈造成心理压力，充分理解和体谅准妈妈，就能让胎宝宝在温暖和爱的环境中健康成长。

准妈妈来读

宝宝，你今天已经踢了妈妈好几次了，是不是嫌爸爸太吵你啦！不过，妈妈觉得你的力气越来越大了哦！妈妈这几天胃口也不错，看来，我们的小可爱也吃饱咯！来，乖乖休息一下，听妈妈给你讲个有趣的故事吧。

过河

有一只小蚂蚁趴在河边的一个土堆上，眼巴巴地望着河对岸的青草地，心里想：“那里一定是个特别特别美丽的地方！要是我能过去看看，那该多好啊！”

不一会儿，小蚂蚁看到一头小牛优哉游哉地游过了河，一群小鸭子也叽叽喳喳地游过了河。可小蚂蚁怕水，不敢过河。

小蚂蚁对小牛和小鸭子羡慕极了，着急地在岸边走来走去，自言自语地说：“我要是能变大就好了，那样我就能游过河了！”

想到这里，小蚂蚁就从土堆上挖了一些泥巴抹在自己的身上，让自己看起来变大了一些，然后向河里走去。可刚走到河边，一个浪头过来，就把小蚂蚁的全身都弄湿了，身上的泥巴也都不见了。小蚂蚁仍然是那么小！

小蚂蚁没办法，过不了河，只好难过地趴在岸边的土堆上，望着河对岸。

忽然，小蚂蚁感觉自己身下的土堆动了起来，竟然向河对岸游去。啊，原来土堆下是刚刚睡醒的小乌龟！小乌龟笑着对小蚂蚁说：“蚂蚁弟弟，让我来帮你实现愿望吧。”

就这样，小蚂蚁在小乌龟的帮助下，终于过了河，看到了河对岸美丽的花草。

宝宝，妈妈想对你说

小蚂蚁的愿望很好，可惜他的个子太小了，而且能力有限。多亏了小乌龟帮忙，小蚂蚁才顺利地渡过了大河。宝宝，等你出生后，在通向人生目标的过程中，你既需要帮助别人，也需要接受别人的帮助。以后看到朋友需要帮忙时，宝宝也一定要像小乌龟那样乐于助人哦！

1分钟胎教课堂

从妊娠第5个月起，准爸爸就应加入对话胎教中。准爸爸特有的深厚、粗犷、低沉的嗓音更适合训练胎宝宝的听力。实验证明，如果胎宝宝在妈妈的柔声细语中，突然听到一个粗犷的低音会表现出极大的活跃。

准爸爸、准妈妈都可读

小宝贝，你都在妈妈肚子里动了一天了，该休息一下啦，听，这会儿外面多么安静啊，爸爸和妈妈真想拉着宝宝的小手，一起出去数星星呢！来，宝贝儿，先听个有趣的故事再睡觉吧！

人鱼公主

美丽的人鱼公主第一次去海面游玩。刚出海面，她就看到了一艘很大的船，船上有一位潇洒英俊的王子，人鱼公主对他一见钟情，深深地爱上了他。

突然，海面上刮起了一阵猛烈的狂风，船被吹翻了，王子落入海中晕了过去。人鱼公主急忙游过去抱住他，拼命带他往岸边游。

人鱼公主刚把王子带到岸边，就看见一个女孩正向他们走来。她害怕女孩看到自己的鱼尾，便急忙放下王子，悄悄潜回海中，离开了。

回到了深海的人鱼公主无法忘记王子，于是向深海女巫求助。女巫答应帮助她，给她变成人形的灵药，但作为交换条件，人鱼公主要献出自己美妙的声音，而且，一旦她的尾巴变成人类的双腿，每走一步路，脚都会像刀割一样疼。

为了见到深爱的王子，人鱼公主毫不犹豫地答应了。

人鱼公主一游到岸边，就喝下了灵药。顿时，她感觉鱼尾像被刀劈开一样痛，痛得她昏了过去。

醒来时，人鱼公主发现自己睡在一张华丽的床上，尾巴已经变成了人类的双腿。而王子正坐在床边，含笑看着她。

原来，王子到海边散步时，看到晕过去的人鱼公主，就把她带回城堡了。人鱼公主把声音送给女巫后，就不能说话了，她为了讨好王子，每天都跳舞给他看。

1分钟胎教课堂

准爸爸帮助准妈妈放松心情，调节情绪，让准妈妈时刻保持愉快的心情，无疑可以给胎宝宝形成积极的刺激。所以，准爸爸应该给准妈妈挑选一些轻松、柔美的乐曲，也可以给准妈妈阅读一些轻松快乐、文字优美的文学作品，还可以和准妈妈一同弹琴，让生活既活跃又有趣。准妈妈心境平和、情绪愉悦，生活在充满爱的环境里，会对胎宝宝的身心健康发育起到积极的作用。

她的舞姿很优美，王子很喜欢看，于是就把她留在了身边。

可怜的人鱼公主每走一步，脚都像被刀割一样痛。

可是，王子马上要成亲了，而新娘就是他落入大海后，醒来见到的姑娘。人鱼公主知道王子以为是这个女孩救了他，所以才跟她结婚的，但人鱼公主却没法把真相说出来。

王子成亲那天，姐姐们来到海边，交给人鱼公主一把宝剑，让她用这把剑刺进王子的心口。只要王子死了，人鱼公主就能变回人鱼，否则第二天，她会变成泡沫。

那天晚上，人鱼公主拿着剑走入王子的房间，却迟迟下不了手。她深爱着王子，又怎么忍心伤害王子呢！

最后，她悄悄地回到海边，静静等待黎明的到来。“再见了，王子！再见了，姐姐们！”人鱼公主流着泪，在心中默默地道别。

她的爱和善良感动了天神，在第二天的第一束阳光照射过来的时候，天神解除了女巫对人鱼公主的诅咒。人鱼公主又变回了美丽的人鱼模样，游回深海，和姐姐们团聚了。

宝宝，妈妈想对你说

人鱼公主勇敢地去追求王子，即便化为泡沫也不害怕。宝宝，随着你慢慢长大，你也要勇敢地去追求内心想要的东西，那样你才会获得内心的满足。

准爸爸、准妈妈都可读

宝宝，吃饱了没有啊？今天晚上妈妈可是吃了不少的好东西！都是爸爸的手艺呢，爸爸可是上得厅堂、下得厨房，文武双全呢！爸爸明天要出一趟差，过两天才能回来，这几天宝宝就听不到爸爸讲故事咯，好啦，我们开始吧！

花木兰替父从军

花木兰生活的国家边境战乱不断，君王要征兵打仗了，花木兰家里也收到了征兵的命令，可爸爸年纪大了，不能再让他上战场了，弟弟又太小，怎么办呢？

“爸爸，让我替你去吧！”花木兰对爸爸说。

“不行，太危险了。”爸爸说。

“你去更危险。放心吧，我一定会平安回来的。”花木兰继续劝说。

不管花木兰怎么说，爸爸就是不同意。可是，花木兰还是偷走了爸爸的盔甲，女扮男装代父出征了。

在军队里，聪明的花木兰每天都非常小心，避免别人发现她女扮男装的秘密。白天行军，不管走多远的路，她从不掉队。晚上睡觉时，她从不脱下衣服。打仗时，她总是冲杀到最前面，跟最凶狠的敌人搏杀。将士们都很敬佩她，认为她是真正的好男儿。

从军10年，战争终于结束了。花木兰和将士们凯旋了。皇帝亲自接见了她。“花将军，你的功劳最大，朕封你为大将

1分钟胎教课堂

准妈妈适合多听一些美妙的音乐，因为美妙的音乐不仅能给准妈妈带来好心情，更能促使准妈妈体内分泌出更多有益于胎宝宝生长发育的激素。这些激素会通过血液循环进入到胎宝宝的血液中，促使胎宝宝健康成长，还能让胎宝宝出生后拥有健康的身体、灵敏的反应、开朗的性格和很高的智商呢！

军怎么样？”皇帝说。

“我不想当官了，我想回家照顾爸爸和妈妈。”花木兰说。

皇帝见花木兰如此孝顺父母，十分赞赏她，于是赐给她许多珍宝和一匹千里马。

回到家乡时，花木兰的爸爸和弟弟还有乡亲们都高高兴兴地站在村口迎接她。花木兰成了乡亲们心目中的大英雄。

回到房中，花木兰脱下了战袍，穿上了女装，又变成了一个美丽的姑娘。她走出来时，同伴们都惊呆了，同吃同行十年，竟然没看出来花木兰是个姑娘。

准爸爸来读

宝宝，今天过得开心吗？爸爸和妈妈一起躺在床上陪着宝宝。宝宝快看，今天晚上天空的星星好亮呀！一闪一闪的，就像很多闪亮的小珍珠，也像你的眼睛在对爸爸、妈妈眨啊眨的，模样好可爱啊！爸爸想到了一个有关星宝宝的故事，就讲给宝宝听听吧！

星宝宝找爸爸

有一颗顽皮的星宝宝，特别贪玩。有一天，他趁月亮爸爸睡着了，就偷偷地从天上溜到地上来玩。

地上可真好玩啊！有高大的树木，有漂亮的花草，有弯弯曲曲的河流，还有高耸入云的山川……啊，星宝宝简直被地上的美丽景色迷住了！再从地面往天上看，星宝宝看到了自己的那些小伙伴们。他们的眼睛一眨一眨的，仿佛正在向自己微笑呢。还有月亮爸爸，正盖着软绵绵的云被睡觉呢！

可是，天很快就亮了，太阳公公出来了。太阳公公见星宝宝在地上，就问：“星宝宝，你怎么跑到地上去了？”

“我……我是下来玩的，马上就回去了！”星宝宝说。

可是，星宝宝抬头往天上一看，咦，月亮爸爸怎么不见了？星宝宝急得哇哇大哭起来。

小动物们都刚刚起床。一听到星宝宝的哭声，纷纷跑过来看是怎么回事。

小羊问：“星宝宝，你为什么哭呢？”

“因为……因为我的爸爸不见了。”星宝宝边哭边说。

小鸭子说：“别急，别急，我们帮你找。你的爸爸长什么样子啊？”

每一天，准爸爸和准妈妈都可以向胎宝宝描述一下今天的情况。比如，今天是晴天还是阴天，云朵都变成了什么样子，是刮风还是下雨，等等；也可以把家人的生活讲给胎宝宝听；准妈妈还可以把自己脑中想象的美好事物告诉胎宝宝。通过这样频繁的交流，可以让胎宝宝产生一种安全感，并促进胎宝宝的情感发育，能加深胎宝宝出生后与爸爸和妈妈的感情，还能提高胎宝宝出生后与人交流的能力。

“我的爸爸有时是圆圆的、白白的。”星宝宝说。

小白熊一听，大声说：“我知道啦，我知道啦！”她赶紧跑回家，把自己的爸爸大白熊拽了来。

星宝宝看了看白熊爸爸，摇摇头说：“不是的，不是的，我的爸爸有时瘦瘦的，身子弯弯的。”

小狗一听，大声说：“我知道啦，我知道啦！”小狗把星宝宝带到了小河边，把大龙虾爸爸叫了出来。

星宝宝看了看大龙虾爸爸，又摇摇头说：“不是的，不是的，我的爸爸还会发光呢！”

小白兔一听，大声说：“我知道啦，我知道啦！”天渐渐暗下来，萤火虫飞出来了。小白兔问星宝宝：“你看，萤火虫一定是你的爸爸吧。”

可星宝宝还是摇摇头，又哭了起来，还一边哭一边喊着：“爸爸，我要找爸爸！”

这时，从天上传来一个温柔的声音：“宝宝，我在这里呢，快点儿上来吧！”

小动物们抬头一看：啊，是天上的月亮在说话。原来，星宝宝的爸爸是月亮呀！

星宝宝一看到爸爸在天上，赶紧飞起来，飞到了爸爸的身边。你瞧，他们多亲热啊！

宝宝，妈妈想对你说

顽皮的星宝宝找不到爸爸了，小动物们都非常热心地帮助星宝宝找爸爸，最后，星宝宝终于找到了月亮爸爸。宝宝，你愿意帮助星宝宝找爸爸吗？妈妈相信，你会的，因为你一定也是一个热心的乖宝宝！

准爸爸来读

宝宝，爸爸今天买了一个大西瓜，可甜了，吃得爸爸好开心呀！等宝宝出来了，爸爸也给你买西瓜吃。现在，爸爸先给你讲一个关于西瓜的故事吧！

宝宝，妈妈想对你说

白猫太太做错了事，幸亏有宝宝虎斑的提醒，白猫太太才能很快地纠正了自己的错误。宝宝，以后你也要监督妈妈，如果妈妈做错了事也要记得提醒哦！

种西瓜

白猫农场和斑点狗农场紧紧地挨在一起，两家农场都种了好多的西瓜秧。天气渐渐热了起来，绿绿的西瓜秧长得越来越好，变成了长长的西瓜藤，还开满了黄灿灿的西瓜花。再过一段时间，就可以结出好多又大又甜的西瓜来了。

白猫太太有点小心眼儿，她看着自己家农场的西瓜藤明显比斑点狗先生家的长得好，花也开得更多更大，就担心斑点狗先生会不会使坏，“斑点狗先生会不会趁我没看见，来破坏我家的西瓜地呀？”白猫太太心里想。

不过，斑点狗先生似乎从来也不关心白猫太太家的西瓜藤，只是尽心尽力地给瓜地浇水、施肥，很快，他家的西瓜藤看起来就比白猫太太家的更好了。

“天哪，我可不能让斑点狗先生赢了，最大、最甜的西瓜一定是我家的才行。”白猫太太滴溜溜地转了转眼睛，想到了一个绝妙的主意。

那天晚上，等斑点狗先生家熄了灯之后，白猫太太悄悄地跑进了斑点狗先生的农场，把长得最好的西瓜藤都给拔了。

没想到，这件事情被白猫太太的宝宝虎斑看到了。“妈妈，你还担心斑点狗叔叔会拔我们家的西瓜藤呢，结果你却把他家的西瓜藤拔了。妈妈是坏人吗？”虎斑认真地看着妈妈说。

白猫太太羞红了脸。

第二天一早，白猫太太就跑去跟斑点狗先生道了歉，并且从自家的农场拔了一些西瓜藤，种到了斑点狗先生家的农场里。

准爸爸应积极配合准妈妈做好胎教，并学会数胎动次数、听胎心，检测胎宝宝的安危，还要学会测准妈妈的宫高、腹围，了解胎宝宝的发育状况。

准爸爸来读

宝宝，你很快就要来到爸爸、妈妈身边了，爸爸、妈妈好期待哦！不知道你以后是调皮多一点，还是乖巧多一点呢？现在，爸爸先给你讲个小故事吧。

守护大家的精灵

春天到了，山谷变成了一片花的海洋。小兔子、小鹿和小猴子在花海中跳啊，闹啊，摘了一大把鲜花，一会儿编花帽，一会儿数花瓣儿玩，还把鲜花撒向天空，下一场花瓣儿雨……美丽的鲜花却遭了殃。

突然传来一个声音：“住手！”

几个小伙伴都停了下来。

“谁在说话？”

一个身穿鲜花裙子的小精灵落在了小伙伴们面前说：“是我。我是守护花儿的精灵。请你们不要再摘花了，我听到花儿们在哭呢。”

啊，原来是这样！小伙伴们赶紧住了手。小猴子问：“那大树也有精灵守护吗？”

只见，花精灵拍了拍手，一个又高又壮的大家伙出现了，他说：“我是守护大树的精灵。”

小兔子问：“那大石头也有守护精灵吗？”

大树精灵对着一块大石头使劲跺了跺脚，“呼”的一声，一个又矮又胖的精灵从石头里蹦了出来。石头精灵瓮声瓮气地说：“我是石头精灵。”

小鹿也有疑问说：“那大地有精灵守护吗？”

小鹿的话音刚落，一个拿着银手杖的老伯伯出现了，他微笑着说：“我是守护大地的精灵。”

精灵爷爷说：“你们看，这山谷里的鲜花这么美丽，让我们一起守护她，好吗？”

小伙伴们诚恳地跟鲜花和精灵们道了歉，表示再也不摘花玩儿了。

宝宝，妈妈想对你说

小兔子、小鹿和小猴子都是知错就改的好宝宝。还有，鲜花只有盛开着才会美丽，如果把它们摘下来，一会儿就枯萎了。宝宝，妈妈希望你以后也能爱护森林里的花花草草。

1分钟胎教课堂

准妈妈与胎宝宝的心理和生理是相通的，当准妈妈在构想胎宝宝的形象时，会让心情达到最佳状态，体内具有美容作用的激素也会增多，这会令胎宝宝的面部器官结构组合及皮肤发育得更好，从而塑造出自己理想的宝宝。

准爸爸、准妈妈都可读

宝宝，你又开始在妈妈的肚子里散步啦？妈妈都听到你的脚步声了！好吧，宝宝一边散步，爸爸和妈妈就一边给宝宝讲故事听，好不好呀？开始喽！

小狗迷路了

天马上就要黑了，可小狗却忘了回家的路，也找不到一起来的爸爸和妈妈了。

长颈鹿知道了，说：“小狗，你爬到我的脖子上来，能看得很远，应该就能找到回家的路了。”

小狗爬上了长颈鹿的脖子，可森林里的大树都比长颈鹿还要高，小狗根本看不到回家的路。

猫头鹰在树梢上看到了，对小狗说：“我飞得远，你爸爸、妈妈长得什么模样，我帮你找。”猫头鹰在森林里飞来飞去，还是没有找到狗爸爸和狗妈妈。

天渐渐黑了，小狗累了，帮助他的朋友们也累了。

这时候，大家看见一只小萤火虫正在草丛里玩呢。猫头鹰说：“太好了，快喊小萤火虫，有他帮忙，大家就能看到路了。”

萤火虫马上就答应了，还喊来很多小伙伴，许许多多的萤火虫手拉着手。哇，太壮观了，远远地看去，就像一个“大灯笼”。

1分钟胎教课堂

妊娠的第6个月，可以较为容易地在准妈妈的腹部触摸到胎宝宝的头、背和肢体。这时，可多对胎宝宝进行抚摸胎教。在起床后或睡觉前，准妈妈平躺在床上，放松腹部，用双手轻轻抚摸胎宝宝，并感知胎宝宝的身体，把自己此刻最想对宝宝说的话传递给宝宝。

黑乎乎的森林立刻变得跟白天一样明亮了。

在萤火虫“大灯笼”的带领下，沿着树林里的小路，他们不停地喊：“狗妈妈……狗爸爸……”

在大家的努力下，小狗终于找到了爸爸、妈妈。

宝宝，妈妈想对你说

小狗虽然迷路了，但在长颈鹿、猫头鹰和萤火虫的热心帮助下，最终找到了爸爸、妈妈。宝宝，你长大以后，也要学会伸出友谊之手，帮助别人。因为帮助别人是一件很快乐的事，也是一件很有意义的事！

准爸爸来读

宝宝，来，让爸爸亲一下！虽然爸爸上班很辛苦，但一想到回家能陪宝宝，爸爸就非常开心，爸爸每天都在盼着宝宝快快来到我们身边呢！乖宝宝，爸爸今天要给你讲个小乌鸦的故事，宝宝要认真地听哦！

小乌鸦和稻草人

一位老伯伯种了一大片麦子，麦子快成熟的时候，一只小乌鸦在麦地边的大树上安了家。白天，麦地就是小乌鸦的游乐场，饿了，小乌鸦就在麦地里找吃的。

老伯伯心疼自己的麦子，可又没有时间看，便做了个稻草人，让稻草人帮他守护着麦地。小乌鸦见了稻草人，果然不敢再靠近了。

稻草人哪儿都不能去，也没有人跟他说话、找他玩儿，真是孤单极了。

一天，小乌鸦又回到麦地里，看见稻草人依然站在那儿，一动也不动。小乌鸦一蹦一跳地试探着往前走，最后他落到稻草人的头上，发现，咦，这个人不会动！

小乌鸦这次不怕了，他在麦地里飞来飞去，捡自己喜欢的、又大又好吃的麦子，一次吃了个够。吃饱了，他还飞到稻草人的头上歇了歇脚。

“你吃饱了吗？”稻草人突然说话了，把小乌鸦吓了一跳。

“原来你会说话呀。你会赶我走吗？”小乌鸦问。

稻草人说：“不会的。”

小乌鸦很诧异地问：“为什么呢？我可是要吃麦子的。”

稻草人说：“如果你愿意，可以每天都来，咱们一起玩。”

小乌鸦还是不放心，追着问：“我吃麦子能行吗？”

稻草人说：“可以啊，只要你吃饱了，不浪费麦子就行。”

从此以后，小乌鸦每天都来找稻草人玩儿。

刮风了，稻草人给小乌鸦挡风。下雨了，稻草人就给小乌鸦撑起小伞。他们一起玩，一起乐，成了一对好朋友。

宝宝，妈妈想对你说

稻草人对小乌鸦真好啊！不仅让小乌鸦吃麦子，还给小乌鸦遮风挡雨，因为小乌鸦能够陪他说话，是他的好朋友呢。宝宝，你以后也要学会珍惜自己的朋友。

准妈妈来读

宝宝，你好啊。告诉你一个好消息，爸爸今天给妈妈买了一堆好吃的，妈妈可开心了！爸爸说，妈妈怀宝宝辛苦，这是奖励给妈妈的。现在，妈妈先给宝宝讲个老鼠搬家的故事吧。

老鼠搬家

鼠妈妈又生了几个鼠宝宝，家里有些住不下了。为了让孩子们住得更舒服点，鼠妈妈决定搬家。鼠妈妈给每一只小老鼠都分配好了任务：鼠大哥负责搬运家里最多的花生米，鼠二哥和鼠三哥一起抬装大米的箱子，鼠姐姐要把家里的锅碗瓢盆装到箱子里……最小的鼠弟弟也有任务，他要看管好自己的玩具箱。

搬家的队伍出发了，鼠妈妈在前，孩子们排成一列长长的队伍跟在后边，一边唱着歌，一边往新家进发。突然，一只大黑猫挡住了大家前进的路。鼠妈妈大声喊道："孩子们小心啊。"

小老鼠们一见大黑猫，全都顾不上搬东西了，吓得撒开腿四处逃跑。鼠大哥跑丢了花生米担子，鼠二哥和鼠三哥的大米洒了一地，鼠姐姐的大箱子也不知道跑到哪里去了……

最后，老鼠一家人又聚到了一起，只有鼠妈妈还挎着自己的篮子。鼠妈妈挨个数着小老鼠们，鼠大哥、鼠二哥、鼠三哥、鼠姐姐、鼠妹妹……大家都在，只有最小的鼠弟弟跑丢了。

正当大家都非常伤心难过的时候，鼠弟弟从鼠妈妈的篮子里冒出了头，小眼睛左右瞧了瞧，跳出了篮子。

鼠姐姐看到了，一下子抱住了鼠弟弟，喊道："妈妈，妈妈，弟弟在篮子里呢。"原来，鼠弟弟一看到大黑猫，便跳到了妈妈的篮子里。真是只聪明的小老鼠。

1分钟胎教课堂

为了安全，准妈妈不要进行跑步、举重、打羽毛球等比较剧烈的运动，这些运动体力消耗大，而且伸背、弯腰、跳高等动作幅度也太大，容易引起流产和外伤。

另外，准妈妈也不要提重物，不要长时间蹲着、站着和弯腰，因为这些活动会压迫到腹部，导致胎宝宝不适，甚至造成流产或早产。

宝宝，妈妈想对你说

鼠弟弟可真聪明，遇到危险首先想到的就是躲到妈妈身边。宝宝，你也要向鼠弟弟学习，不论任何时候，只要遇到危险和困难，首先就要想到找爸爸和妈妈。

准爸爸、准妈妈都可读

宝宝，让爸爸、妈妈摸摸你现在在干什么呢？咦，这是宝宝的小头吗？昨天往左边伸，今天向右边伸，左三遍，右三遍，看来你比爸爸更喜欢锻炼呢！真是个爱运动的好宝宝！不过，现在宝宝可该睡觉喽，爸爸、妈妈就给宝宝讲个彩虹围巾的故事，陪伴宝宝入睡吧！

彩虹围巾

在一片青青的草地上，住着很多很多动物。

小白兔剪下自己身上的毛，纺成毛线，织了一条白围巾。

小白羊看到了，也剪下自己身上的毛，纺成毛线，织了一条白围巾。

“你们把围巾围在脖子上，真漂亮。”长颈鹿对小白兔和小白羊说：“我也想要一条围巾，可是我身上的毛太短了，不能剪下来织围巾，怎么办呢？”

小白兔说：“我用自己的毛给你织一条。不过我要攒几年，因为你的脖子太长了。”

小白羊也说：“我也剪下自己的毛攒着，给你织围巾！”

一天，一场大雨过后，小白兔、小白羊和长颈鹿从屋里跑出来，在草地上玩儿。突然，长颈鹿喊了一声：“你们看！”

小白兔和小白羊一抬头，哇！一道美丽的彩虹挂在天空。

“多像一条围巾呀！我要是有这样一条彩虹围巾，该多好！”长颈鹿大声叫着。

小白兔一听，连忙说：“会有的！会有的！”

长颈鹿想要一条像彩虹一样的围巾，这个消息很快就传开了。

小狐狸剪下自己红色的毛，小貂剪下自己黑色的毛，小黄鼠狼剪下自己黄色的毛，小狮子剪下自己金色的毛，小田鼠剪下自己灰色的毛……大家把剪下来的毛凑在一起，给长颈鹿织了一条彩虹围巾。瞧！长颈鹿围着这条长长的彩虹围巾，笑得多开心呀！

1分钟胎教课堂

准爸爸和准妈妈在学识、礼仪、情操等方面，对胎宝宝均有某种程度上的影响。尤其在孕晚期，胎宝宝已具备了听觉、感知等能力，并能做出一定的反应，因而准爸爸和准妈妈应加强自己的情操言行修养，对胎宝宝的发育成长实属必要。如果准爸爸和准妈妈多看一些优秀的文学艺术作品，并用优美的语言向胎宝宝描述人世间的真、善、美，就会激发胎宝宝的生长，培养他的爱心，使胎宝宝出生后更加聪明，更加可爱。

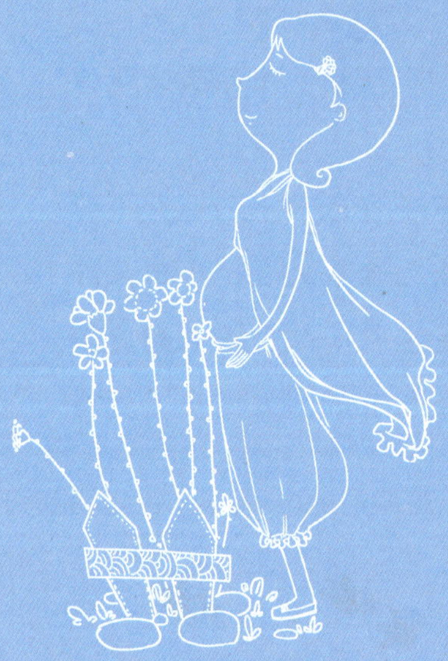

丑小鸭变成了美丽的白天鹅，

小花猫照镜子，

小熊笨笨看下雪……

这些小动物是多么可爱啊！

希望宝宝听完这些故事，

长大后也能拥有一颗永远快乐的心，

每天都开开心心地生活。

PART 2

拥有一颗纯真的心，一生都会很快乐

准妈妈来读

亲爱的宝宝，妈妈今天换了一件新裙子，你看妈妈的裙子是不是很漂亮呀？不过，妈妈今天要给你讲的却是一个丑小鸭的故事，宝宝来听听，到底在丑小鸭身上发生了什么事呢？

丑小鸭

鸭妈妈正在孵蛋。一只只小鸭子破壳而出，围在鸭妈妈身边“嘎嘎”地叫，但还有一个最大的蛋仍然没有动静。

又过了好几天，那个最大的蛋终于破了，钻出来一只又大又丑的小鸭子。

其他小鸭子一见到他，就说：“你看，他长得多丑啊！”就连鸭妈妈也不喜欢他。

1分钟胎教课堂

准妈妈可以通过听优美的乐曲来进行胎教，但要注意，应根据宝宝的生活规律随时听，尤其在胎动明显时听效果最好。准妈妈不宜戴耳机听，音量最好控制在准妈妈感觉舒适为宜，一般应在45~55分贝之间。

丑小鸭伤心极了，他离家出走了。一天，丑小鸭在一片草地上睡着了。过了一会儿，来了几只母鸡。母鸡们看了看丑小鸭，咯咯咯地问：“这是我们的窝，你是谁？”

丑小鸭说了自己的情况。母鸡们听了，说：“连你妈妈都不要你了，还真是可怜！但要留在我们这里，就得会下蛋，你会下蛋吗？”丑小鸭摇了摇头，什么也没说，就离开了。

时间过得真快，一转眼到了第二年的春天，天气越来越暖和，丑小鸭的心情也好了很多，他拍拍翅膀，突然就飞上了天空。他飞过屋顶，飞过树林，来到一个美丽的湖泊，那里有一群白天鹅正在优雅地游泳。

宝宝，妈妈想对你说

丑小鸭虽然长得很丑，同伴们都不喜欢他，但他从来没有放弃自己，最终变成了美丽的白天鹅。宝宝，你知道吗？一个人永远都不要对自己放弃希望，不论多么平凡，都要对生活充满美好的期待。

看到丑小鸭，白天鹅都游了过来。丑小鸭以为他们又是来羞辱自己的，就早早低下了头。忽然，他惊讶地发现，水中的自己竟然也是一只美丽的天鹅！

这时，河边跑来几个小朋友，其中一个大喊道：“快看，那边有一只新来的天鹅，他是最好看的！”丑小鸭听了，不好意思地将头埋在翅膀下。

原来，他是一只天鹅。他心里真是高兴极了！

准妈妈来读

我的小宝宝，现在，爸爸、妈妈、爷爷、奶奶、外公、外婆，都在盼望见到你呢！你的到来，就是给妈妈带来的最大快乐！外面的世界很美丽，宝宝一定会喜欢的！今天，妈妈给宝宝讲一个红蜡烛的故事吧！

红蜡烛

小猴子经常跑到山下的村子里玩，看到路边有什么好东西，就会捡回去和小伙伴们一起分享。

一天，小猴子捡到一根红红的东西，像小圆柱一样，中间还有一根细绳。他连忙召集小伙伴们一起来看看是什么东西。大家挤在一起，你一言我一语地说：

“这应该是‘花炮’。”

“什么是‘花炮’？”

“就是点燃之后，它会发出很大的响声，冲上天空，然后炸开，变成美丽的烟花。”

“那晚上点燃它试试吧！”

到了晚上，小猴子拿着“花炮”和小伙伴们兴冲冲地来到山顶上。他们把“花炮”绑在一棵树上，让“花炮”的头冲着天空。小猴子自告奋勇地当了“点炮手”。

“你们准备好了吗？我可要点了！”小猴子擦亮了火柴，小伙伴们都纷纷捂住了耳朵。

小猴子将“花炮”点燃，立即转身跑回小伙伴们中间。大家的眼睛一眨也不眨地盯着“花炮”，可是，等啊，等啊，等了好久，就是没等来震天的响声，更没有照亮整个夜空的烟花。只见在漆黑的夜空里，“花炮”静静地燃烧着，无声无息地给这黑夜带来一片小小的光亮和温暖。

大家一个接一个地放下捂住耳朵的手，你看我，我看你，都很疑惑，“花炮”怎么没响呢？突然，小猴子一拍脑袋，说：“它不是‘花炮’，是红蜡烛！红蜡烛不会发出响声，也不会绽放烟花，但它能给黑夜带来光明。”

宝宝，妈妈想对你说

宝宝，故事里提到了“花炮”和红蜡烛。如果将它们比作人的话，“花炮”就像影视明星、有名的歌手，会吸引很多人关注，而红蜡烛就像老师、医生等，他们教书育人、救死扶伤，默默地奉献着自己的智慧和力量。

准爸爸、准妈妈都可读

宝贝儿，你在想什么呢？妈妈今天晚上可是吃得饱饱的，现在正坐在窗前，和爸爸一起看星星呢！你瞧，天上的小星星一闪一闪的，就像你善良的眼眸，真是可爱！还有那圆圆的月亮，也像宝宝娇嫩的脸庞在冲爸爸、妈妈微笑！嗯，现在妈妈又要开始讲故事喽。

小熊洗头

小熊的屋里有三个小伙伴，瞧，印在窗帘上的是小猴子，小猴子摇着尾巴；印在床单上的是小松鼠，小松鼠翘着尾巴；印在枕巾上的是小白兔，小白兔尾巴太短，翘不了也摇不了，两只红红的眼睛瞪着小熊。

哎呀，小白兔的毛太脏啦，成了小灰兔。这可不能怪她呀，就怪小熊总不洗头，把小白兔的毛都蹭成灰毛了。

晚上，小熊又快进屋睡觉了，小白兔着急地说：“小猴子、小松鼠，求求你们，跟我换换地方吧，我都快成小黑兔啦！”小猴子摇摇尾巴，说：“不换！不换！”小松鼠瞅瞅变成灰色的小白兔说：“我也不愿意到枕巾上去，小熊总不洗头，多脏啊！”

小松鼠刚说完，一个细细的声音从桌子上传来：“小白兔，咱俩换地方吧，我到枕巾上去。”小白兔一瞧，原来是小刺猬从小熊新买的画报上爬了下来，正朝着自己笑呢。

在怀孕的整个阶段，准妈妈都可以坚持做一些适量的运动，如每天慢速散步，或做一些简单而安全的孕妇体操，有条件的也可以做一些安全的瑜伽动作，都可以帮助准妈妈获得良好的锻炼与放松。

“太好啦！谢谢你，小刺猬。”小白兔咧嘴笑着，赶快离开枕巾，蹦到了画报里。

“欢迎你，我们的新伙伴！”小猴子和小松鼠也高兴极了。

小熊进屋就上床睡觉，他刚躺下，就叫了起来：“哎呀，有针！”小熊急忙瞧瞧枕巾，这才发现原来的小白兔变成了满身尖刺的小刺猬。小熊揉着脑袋问，“咦，怎么变成你了？你为什么扎我呀？”小刺猬缩成一团不答话，指指小熊的脑袋。

小熊好像明白了什么，挠着头，瞅着小刺猬的尖刺说：“看来，今天再不洗头，就睡不了觉了！”

看着小熊去洗头，小白兔、小猴子和小松鼠都悄悄地笑了。洗完头的小熊也嘿嘿地笑着，一副很舒服的样子。

躺在枕头上，小熊跟肚皮朝上的小刺猬说悄悄话：“小刺猬，以后我的头发会经常洗的，你可不能再扎我了！”

宝宝，妈妈想对你说

小熊在小刺猬的帮助下，变成了爱洗头的小熊了。宝宝，你以后也要爱上洗澡和洗头哦，这样妈妈会省力很多，而且，洗得干干净净的会更受欢迎哦！

准妈妈来读

宝宝安静一下，讲故事的时间到了，你不是最爱听妈妈讲好听的故事吗？好吧，现在妈妈就给你讲一个爱心的故事。这是一个很感人的故事！

妈妈，亲一个

小男孩波比正在河边的草地上看书，忽然，他听到有人和自己打招呼：“你好，我是小精灵。”波比抬起头，看见一个长着大翅膀，身子却很小的小男孩正对着自己笑。

“你好，小精灵。我叫波比。”波比惊喜地站了起来。

“我们是刚搬来的，在河对面的树林里住，是你的邻居。”小精灵说着话，又看看不远处的木屋，那是波比的家。

波比和小精灵成了好朋友。小精灵也喜欢看书，波比每天都会把书带到河边，和小精灵一起看。

这天，小精灵带来一朵非常好看的红花。

“送给你，这是我们老家的花。这种花摘下来，几年也不会枯萎，你闻闻，很香呢。”小精灵边说边把花递给波比。

波比接过鲜红的花朵，闻着醉人的花香说：“这朵花要是能做成口红，那该多好呀。”

“口红到处都能买到呀，为什么要用这朵花做呢？”小精灵问波比。

波比说：“商店里卖的口红，我妈妈都不能用，一涂上就起小疙瘩，她很久都没涂口红了。”

“你见过用花做的口红吗？”小精灵好奇地问。

波比摇摇头说：“爸爸说过，妈妈涂口红会过敏的，所以她只能涂鲜花做的口红。可是，鲜花做的口红只有去国外才能买到呢。”

“你把花给我，我去问妈妈，也许她能把花做成口红呢。”小精灵接过了花说。

“真的？”波比目送小精灵飞向河对岸，眼睛里闪烁着希望的光。

准妈妈实施胎教时必须充满着爱心，在一个充满爱心的孕育过程中，准妈妈才能深切地感受到胎宝宝的点滴变化，体验到从未有过的母爱，这是对胎宝宝健康成长极为重要的亲情，为日后胎宝宝形成热爱生活、积极向上的优良性格打下基础。

第二天，波比早早地来到河边，焦急地等待着小精灵。

小精灵来了！他才飞在河面上，就大声嚷起来，手里还晃动着瓶子：“波比，这是我妈妈做的口红。”

“太好了！”波比跳了起来，说：“我妈妈能涂口红了，她该多高兴呀！”

波比拉着小精灵一起跑回家。“妈妈，这是精灵妈妈送给你的口红，用花瓣做的，还有花香呢。”波比一进门，就急着让妈妈涂口红。

“啊，小精灵，替我谢谢你的妈妈！”波比妈妈很高兴地说。

看着涂了口红的妈妈，波比非常高兴，他觉得妈妈更漂亮了。

“妈妈，亲一个！”波比望着妈妈鲜红的嘴唇，兴奋地说。

“好孩子，妈妈亲！”妈妈搂着波比，眼睛里闪着泪光。一个红红的、香香的唇印留在了波比的脸颊上。

准妈妈来读

宝宝，妈妈刚刚穿了一件新裙子，你看，妈妈是不是很漂亮呀？妈妈相信，在宝宝眼里，妈妈一定是最漂亮的，对吗？嗯，今天妈妈就给宝宝讲个小松鼠的故事吧。

饿肚子的松鼠

北风呼呼地吹过树林，给小动物们送来了一个消息：“寒冷的冬天就要来了。”

棕熊每天都吃得饱饱的，还把自己的洞穴整理得非常暖和，他要准备冬眠啦！

松鼠们也从一棵树跳到另一棵树，他们正在努力搜集松果呢。漫长又寒冷的冬天就要来了，不存够食物，到时候可会饿肚子的。

只有小松鼠不点儿仍然整天到处瞎逛，一点儿也没有心思为过冬做准备。

“不点儿，你怎么不去搜集松果呢？”一只正在搬运粮食的小蚂蚁好奇地问。

不点儿满不在乎地说：“树上到处都是吃的，想吃了就去摘呗！”

松鼠爷爷恰好路过，他停下来，认真地告诉不点儿说：“冬天一来，树上的果子都会掉落的，大雪一下，你就再也找不到吃的了。”

可是不点儿完全也没听进去松鼠爷爷的话，仍然到处玩耍。

时间一天天过去，寒冷的冬天终于来了，大雪纷纷扬扬地落下，像一张洁白的大毛毯，盖住了整个森林。棕熊已经在温暖的洞穴里美美地冬眠了，蚂蚁和松鼠们也在洞穴里守着丰富的食物，静静等待春天的到来。只有小松鼠不点儿孤单地在雪地里寻找食物。可树上的果子都掉完了，地上到处是白雪，哪里都找不到吃的。

不点儿在寒风里被冻得瑟瑟发抖，他揉了揉饿瘪了的肚皮，呜呜地哭了起来。

这时，松鼠爷爷打开了洞门，让不点儿进去，并分给了他一些食物。

“谢谢你，爷爷。我错了，明年我一定会提前准备好过冬食物的。”不点儿终于认识到了自己的错误。

妈妈和宝宝是一体的、共生的，这种状况会一直保持到宝宝出生后的头半年。所以，如果你想拥有一个乐观、积极、不挑食、好情绪的宝宝，请你就按以上标准先做好自己。

准妈妈来读

宝宝，你睡了啦？妈妈正在吃苹果，好香甜呀！这是爸爸买回来的。嗯，爸爸为了妈妈和宝宝的健康付出了很多呢，宝宝以后要爱爸爸哦！妈妈今天就给宝宝讲个苹果的故事吧。

地毯下的小精灵

据说，每户人家的地毯下面都住着很多小精灵，他们是人类的保护神。不过这些小精灵非常爱干净，家里尤其是地毯一定要干干净净的，他们才愿意住下来。如果地毯很脏，小精灵们会非常生气，甚至会报复。

豆豆从来也不相信这个传说。最近，他爱上了吃棒棒糖，一天要吃好几十支呢。可是，每次吃完总会剩下一堆没用的小木棍。豆豆心想：“木棍那么多，每次都要出门去扔太麻烦了，还不如直接扔在地毯下面，这样谁也看不见。”

于是，豆豆家的地毯下面就积攒了越来越多的小木棍。

一天晚上，豆豆刚准备睡觉，忽然发现地毯动了起来，从下面钻出一个又一个拿着战刀的小精灵，他们一齐向豆豆扑了过来。豆豆吓得钻到了被子里，可是小精灵太灵活了，见缝就钻，豆豆被戳得遍体鳞伤，一直到太阳出来了，小精灵们才退回到地毯下面。

豆豆害怕极了，立刻把这件怪事告诉了邻居们。在豆豆的邻居中，就数凯奇最聪明、最勇敢，大家推举他来帮豆豆解决这个难题。凯奇来到豆豆家里，把地毯一下子掀开，露出了一大堆吃糖剩下的小木棍。

凯奇明白了，他说：“地毯下有那么多脏脏的小木棍，小精灵们肯定很不舒服，只要你把小木棍收拾干净，小精灵们就不会再找你麻烦了。”

豆豆羞愧地点了点头，赶紧把地毯下的小木棍都收拾了。从此以后，豆豆总是把地毯下面收拾得干干净净，就再也没有见到拿战刀的小精灵了。

宝宝，妈妈想对你说

为了省事的豆豆倒给自己找了麻烦，当他清理干净地毯下的小木棍后，小精灵才安静了。宝宝，你发现了吗？讲卫生，让环境保持整洁，真的很重要啊。

如果准妈妈有失眠的症状，可以在入睡前听一些轻柔的音乐，让自己的情绪慢慢平和下来，以便更好地进入睡眠状态。

准爸爸来读

宝宝，今天在妈妈肚子里睡了一天啦！怎么，把觉睡颠倒了吗？哎呀呀，爸爸要讲故事喽！今天，爸爸就给小宝宝讲个老鼠、小鸟和香肠的故事，让这个有趣的故事把妈妈肚子里那个贪睡的小宝宝叫醒吧！

老鼠、小鸟和香肠

从前，老鼠、小鸟和香肠是相亲相爱的一家人，他们住在农场的一个小阁楼里。每天，小鸟飞到树林里衔柴回来，老鼠负责挑水、生火，香肠做饭，他们分工合作，生活得幸福而快乐。

然而，有一天，小鸟在树林里碰到了一个老朋友，他们聊起了现在的生活。小鸟的朋友嘲笑他说："你真是个傻瓜！每天辛辛苦苦地在外面干活儿，可你的另外两个伙伴呢？他们真的是太轻松了，在家里做完那些活儿就能躺下来休息。"

朋友的话让小鸟心里很不是滋味，觉得自己要比老鼠和香肠辛苦很多，应该改变一下，这样才公平。于是，当天晚上，他就把自己的想法说了出来。老鼠和香肠沉默了一会儿之后，劝小鸟说目前的分工是最合理的，这样才能维持正常的生活。可是，小鸟怎么也听不进去。

第二天，小鸟不想到森林里去了，老鼠和香肠没有办法，只能同意换岗。他们用抽签的方式决定分工，最后香肠去树林里背柴，老鼠做饭、布置餐桌，小鸟挑水、生火。

就在重新分工的第一天，就发生了意外：香肠被狗探长抓了起来；小鸟生火时，翅膀被烧伤了；老鼠布置餐桌时因为拿不稳桌布而摔了下来。

后来，狗探长调查清楚事情的原委后，把香肠送回了家，还把小鸟和老鼠送到医院治疗。回到家后，小鸟哭着说："都怪我不好，如果不是我吵着要重新分工，就不会出这么多意外。"

老鼠和香肠一看小鸟哭了，急忙安慰道："没关系的，尝试过才知道，合理的分工才能做好事情嘛，以后我们还按照从前的来就行了。"在以后的日子里，三个人默契合作，小日子越过越好。

1分钟胎教课堂

随着妊娠月份的增加，准妈妈的身体也跟着发生变化，腹部膨胀，行动开始不方便。准妈妈可能会感到不舒服、不适应，情绪也经常不稳定。这时，准爸爸要耐心地倾听准妈妈的诉说，并经常赞美她，如"我喜欢你现在怀孕的样子""怀孕的女人是最美丽的"，以缓解她的不良情绪。

准妈妈来读

乖宝宝，睡着了吗？想不想听妈妈讲故事呢？妈妈刚刚读了一个老牛的故事，可有趣了！宝宝想不想听呢？妈妈现在要开始讲喽，如果宝宝喜欢听，就在妈妈的肚子里拍拍小手吧！

忠诚的老牛

老牛和主人农夫一起住在农场里，它在自己还是小牛时，就已经为农夫工作了，每天耕地、驮重东西，任劳任怨。现在老牛老了，但它还没有退休，仍然坚持帮农夫干活，只是干活的速度比不上以前了。

然而，农夫却没有看到老牛的忠诚，他自私地觉得：“养这头老牛，简直是浪费。看来，应该换一头年轻的壮牛来代替它了。”

有一天，镇上举办牛马交易集会，农夫十分高兴，他一大早就把老牛从牛棚里牵出来，打算到集会上去换一头年轻的壮牛。老牛看着农夫兴奋的样子，心里很难过，走出农场的时候，它不舍地回头望望自己住了十几年的地方，然后迈着沉重的步子跟在农夫的身后，向集会走去。

到了集会，农夫的眼睛瞬间亮了起来，因为集会上有很多身体强壮的牛和年轻的马。“换一头牛呢？还是换一匹马？”农夫一边看着，一边琢磨，“只要不用添太多钱，换来身体强壮，干活又多又快的就可以了，管它是牛还是马。”

打定主意后，农夫牵着老牛走来走去，当看到不错的牛或马时，他就停下来询问价格。可是，商贩们都说：“你的牛太老了，值不了几

准妈妈可以和胎宝宝一起欣赏约翰·施特劳斯的《蓝色多瑙河》。这首乐曲优美动听，节奏明快。聆听时，仿佛置身于美丽的多瑙河畔，眼前是粼粼的波光，让准妈妈和胎宝宝陶醉于大自然的魅力之中。渐渐地，准妈妈和胎宝宝就会被乐曲中那欢快、活泼、热情、奔放的气氛所感染，内心充满快乐的情绪。

个钱，没有人愿意跟你换，你还是重新买吧。”这些人的话让农夫很恼怒，他回过头瞪了老牛一眼，骂道：“都是你这个老家伙，干不动就算了，还不值钱，说不定我还得贴钱养你呢！”

一天下来，没有一个人愿意用年轻强健的牛或马和他交换。天黑了，农夫只好牵着老牛往回走。走着走着，天空飘起雪花来。天黑路又远，再加上下雪，让农夫的心情变得十分焦躁，“今天真是倒霉透了！”他举起鞭子，狠狠地抽在老牛的屁股上，骂道：“快点走！”老牛打起精神，使出全身的力气努力向前走，可还是走不快。

雪越下越大，把路都盖住了。农夫看不清路况，只能小心翼翼地往前摸索，而本来就走得不快的老牛，因为积雪走得更慢了。

一人一牛就这样慢慢走着。突然，农夫停住了脚步，他一拍脑袋说：“糟糕！”原来黑夜和大雪让农夫迷路了。厚厚的积雪下面，不知道是结实的路面，还是小河，如果不小心掉到河里，那后果可就很严重了。再加上身上又冷又饿，农夫懊恼极了，说：“今天真不应该出门！”

农夫回头，望着一直默默跟在自己身后的老牛，老牛的脊背上被一层厚厚的雪覆盖住了。农夫突然觉得老牛很可怜，他抬起手帮老牛把脊背上的雪扫落，说：“我的老伙计，你陪伴了我这么久，也许我不应该想着把你卖掉。”

农夫望了望四周，说：“看，老伙计，我迷路了，现在只有你陪着我了。”老牛看着农夫悲伤的表情，“哞——”地叫了一声，然后蹲下了身子，让农夫爬上来，然后扭头朝另一边走去。

农夫并不知道老牛要去哪里，他只知道现在只有老牛陪着他，安安静静地待在牛背上准没错儿。就这样，一人一牛慢吞吞地在雪夜中行走。终于，天快亮时，老牛在自家农场前停住了。农夫高兴得哭了起来，说：“我的老伙计，谢谢你把我带回了家！”

后来，农夫搂着老牛感叹道：“忠诚的老伙计，我以前怎么想着把你给卖掉呢？”从那以后，农夫给老牛喂最好的饲料，让它安享晚年。

宝宝，妈妈想对你说

看似无用的老牛救了农夫，这让我想起父母们常说的一句话“为孩子当牛做马”。宝宝，爸爸、妈妈也会老，但对你的爱不会变，而是会像老牛一样不求回报的付出。你长大了，会如何对待老了的我们呢？

准妈妈来读

宝宝，今晚我们坐在窗前一起看雨吧。你听，那一个个可爱的小雨滴从天而降，滴答、滴答，唱着欢快的歌儿，落到大地上。宝宝，你喜欢雨滴吗？如果你喜欢的话，就来听妈妈给你讲个雨滴的故事吧！

哦，下雨喽

最近天气十分干燥，已经好久好久没有下过雨了。原本清澈饱满的小河，已经瘦得变成了一条小水沟。

小虾抹着眼泪直哭，说："怎么办？怎么办？再不下雨，小河就要干了，我们也会死的。"

小乌龟和小鱼互相望了对方一眼，叹了口气。再不下雨的话，不止他们会死，河边的花草树木也会干枯的。可是，天不下雨，又有什么办法呢？

终于，河水断流了，岸边的水仙花和鱼腥草都干瘪瘪的，没了一点力气，小鱼、小虾和小乌龟都挤在浅浅的河水里，战战兢兢。

这一天，突然刮起了大风，接着，就听见"轰隆隆"的雷声。不一会儿，"噼

里啪啦、噼里啪啦”，豆大的雨点一颗接一颗洒向了大地。

“哦，下雨喽，下雨喽！”森林里的大树最先感受到了雨点，他们的树叶欢快地发出“哗啦啦”的声响。

“哦，下雨喽，下雨喽！”水仙花和鱼腥草一下子挺起了脑袋，扭着腰肢，发出了快乐的叫喊。

雨水哗哗地流进小河，小虾快活地举起钳子，想要接住清凉的雨水；小鱼摆动着尾巴和鱼鳍，在不断增多的河水里畅快地游了起来；小乌龟慢悠悠地爬出了河床，他太想念雨水啦，要亲自感受一下雨水淋在身上的美好感觉。

大雨一直下呀、下呀，下了很久，小河又恢复了以前的样子。你听，森林里传来了一阵又一阵欢声笑语，所有的生物们，都在开心地歌唱舞蹈呢！

宝宝，妈妈想对你说

小雨滴的到来，滋润了森林里的花草树木，滋润了河里的小鱼、小虾、小乌龟，让大地重新焕发了勃勃生机。乖宝宝，妈妈希望你长大以后也能像小雨滴一样，带给人更多的快乐，同时又能实现自己的人生价值。

1分钟胎教课堂

日常生活中，准妈妈要将胎宝宝当成家里的一员，带胎宝宝熟悉自己的家庭环境，告诉胎宝宝“这是你的小床”等。这样可以让胎宝宝出生后就能置身于一个熟悉亲切的环境中。

准爸爸来读

爸爸的乖宝宝，你在干什么呢？爸爸要偷偷告诉你一个秘密：妈妈正在给你织一件小毛衣，毛衣上有一只可爱的小鹿，小鹿的头上还长着两个大大的角呢！宝宝，爸爸相信，你一定会非常喜欢的！好了，今天爸爸给你讲一个小枣树的故事吧！

小枣树，请安静

秋秋是一棵小枣树，但他不想结枣子，一天到晚哭闹着要结哈密瓜。

其他果树被他吵得都没法结果子了，就连来果园里捉害虫的老山雀，也飞走了。

山羊园长只好去找月亮婆婆帮忙。

天黑的时候，月亮婆婆来到了果园。她打量着秋秋，说：“你这么瘦小，就算结了哈密瓜，也抱不动呀。”

秋秋不服气地说：“我长大了会是果园里最高的树。”

月亮婆婆笑了，说：“如果你能长成果园里最高的树，我就送你一块月光手帕，你想结什么果子就能结什么果子。”

“真的？”

“当然了，月亮婆婆从不说谎。”

从那以后，秋秋不哭了，他拼命长身体。很多小动物都喜欢上了秋秋，小蜜蜂、小蝴蝶、小蟋蟀整天围着他捉迷藏，喜鹊大妈甚至在他身上安了个家。

秋天到来的时候，秋秋成了果园里最高的果树，他的身上挂满了红彤彤的枣子。

准妈妈的情绪在胎教中起着有非常重要的作用。准妈妈良好的情绪，可以让胎宝宝感受到安全、舒适、快乐；相反，如果准妈妈情绪焦虑，胎宝宝也会感到不安。这里介绍一种呼吸法，可以有效稳定准妈妈的情绪和集中注意力，提高胎教效果。

具体方法是：选择一个舒适的姿势，身体自然放松，腰背部要舒展，双目微闭，用 4~6 秒的时间慢慢吸气，再用比吸气多一倍的时间，即 8~12 秒的时间呼气，直到能无意识地深呼吸为止。

这种呼吸法可在每天早晨起床时、中午休息时、晚上临睡前各进行一次。坚持下去，妊娠期间焦躁的情绪即可得到明显改善。

小朋友们来果园里玩时纷纷感叹道：“哇，好大的枣树啊！”他们爬到树上，摘了好多枣子，夸这是世界上最好吃的枣子。他们还手拉手围着秋秋拍了一张合影。

这可把秋秋激动坏了，居然跟人类合影了呢。

这些小朋友们在树下玩到很晚。

月亮婆婆出来了。她微笑着，把月光手帕送给了秋秋，说：“秋秋，从今以后，你想结什么果子就能结什么果子。”

秋秋却犹豫了，他现在只想结枣子。

正在这时，有个小朋友指着秋秋，喊道：“快看，树上结什么了？”

秋秋惊讶地打量着自己，“我到底结什么了？”

“是星星。”

原来秋秋长得太高了，孩子们还以为天上的星星就在他身上呢。

“好美呀！”小朋友们感叹着。

听了小朋友们的话，星星们每天夜里都到秋秋的枝叶里眨眼睛，说悄悄话。他们把家安在了秋秋身上。

秋秋为自己是一棵枣树感到自豪。

宝宝，妈妈想对你说

小枣树努力长身体，成了果园里最高的树，成了人人喜爱的果树。宝宝，只要你能充分地认识自己，发挥自己的长处，就能给大家带来快乐，同时自己也会很快乐。

宝宝，你知道吗？爸爸今天给妈妈买了一束漂亮的玫瑰花，妈妈好喜欢呀！你瞧，它的花瓣红艳艳的，叶子绿油油的，好像正朝着妈妈和宝宝微笑呢！宝宝也喜欢，对吗？好，那接下来妈妈就给宝宝讲故事喽！

修行的小和尚

很久以前，有一个小和尚在寺庙里修行。修行的日子虽然很自在，但也很清苦，每天只能从村里的人家化一些吃喝的东西。幸运的是，村里有一户富裕的人家，很尊重修行的人，每当小和尚上门化缘的时候，这户人家都会给小和尚一些米饭、蔬菜，还有一勺蜂蜜。

那时候蜂蜜是非常珍贵的东西，小和尚舍不得吃，便把蜂蜜放在一个瓦罐里。慢慢地，小和尚竟然存了一罐蜂蜜。

小和尚担心别的和尚把自己的蜂蜜抢走，便整天提心吊胆。他把蜂蜜藏在了自己的床下面，每晚睡觉的时候都要醒好几次，查看蜂蜜还在不在。

由于小和尚很长时间都没能好好睡觉，他变得很憔悴，面色黄黄的，说起话来有气无力，走起路来也东倒西歪。

这天晚上，小和尚睡到半夜，又起来查看自己的蜂蜜，可是，一不小心滑倒在地上，把装蜂蜜的罐子打碎了，蜂蜜流了一地，再也没法吃了。小和尚伤心地哭了起来，哭着哭着便睡着了。

没有了蜂蜜，小和尚这一觉反而睡得很踏实。第二天醒来的时候，小和尚的精神好了许多。渐渐地，小和尚忘记了蜂蜜的事儿，吃得香，睡得棒，他又回到了以前悠然自得的生活。

1分钟胎教课堂

准妈妈每天应哼唱几首歌，最好是抒情歌曲。也可挑选一些简单易懂的儿歌，如《数鸭子》《泥娃娃》等。在哼唱时，准妈妈应保持心情愉快，富于感情，通过歌声的和谐振动，可以让胎宝宝有一种“世界是美好的”感觉，从而获得情感上的满足。

宝宝，妈妈想对你说

宝宝，你说小和尚是有蜂蜜好，还是没蜂蜜好呢？其实，关键不在于有没有蜂蜜，而在于对待蜂蜜的态度。有时候，太在乎一件事情，往往适得其反。宝宝，妈妈希望你在未来的生活中，能保持一颗平常心，顺其自然、快快乐乐地生活。

宝宝，爸爸和妈妈希望你像小花猫一样，常常依偎在我们身边。你的到来，让我们的世界充满了快乐和幸福！乖宝宝，现在就给你讲个小花猫照镜子的故事吧。

小花猫照镜子

小花猫像往常一样，准备去找小黑狗玩。它走着走着，忽然发现一个大大的圆盘斜靠在石头上，再走进一看，圆盘可真光滑呀，还亮闪闪的。

“咦？圆盘里有一只猫咪，我和他打个招呼吧！”小花猫看着圆盘，微笑着说：“你好。”

只见圆盘里的猫咪也微笑着动了动嘴巴，但是却没有发出声音。小花猫心想：“糟了，那只猫咪一定是被困住了，我还是先去找小黑狗吧，然后一起想办法把他救出来。”

于是，小花猫便找来小黑狗，小黑狗盯着圆盘看了一会儿，吃惊地对小花猫说：“我看了，这里面被困的明明是一只狗，不是猫咪啊？”

“不可能，我刚才还和他打招呼了，他就是一只猫咪，和我一样高。”小花猫一边说着，一边走近了圆盘。

这时，圆盘里不仅有一只狗，还出现了一只猫咪，就是小花猫之前见到的猫咪。小花猫和小黑狗都蒙了：“这是怎么回事呀？”每当他们做出一个新的动作，圆盘里的猫咪和狗就会做出一模一样的动作。

小花猫和小黑狗想了半天也没想明白，便把森林里最有智慧的大猩猩请了过来。大猩猩一见到圆盘，就笑着说：“这圆盘是一面镜子，里面映出的猫咪和狗就是你们自己。”

“哦，原来是这样！”小花猫和小黑狗这下明白过来了，忍不住哈哈大笑起来。这面像圆盘一样的镜子很快就成了动物们的玩具，大家伙你照一会儿，我照一会儿，玩得可开心啦！

1分钟胎教课堂

到了怀孕中期，准妈妈可能会出现便秘的情况。这时，要注意在日常饮食中多吃一些全麦面包及其他全麦食品、豆类食品、粗粮、蔬菜、黑芝麻、香蕉、蜂蜜等，对预防便秘会有很好的作用。要注意的是，准妈妈千万不要随便服用泻药。

准爸爸来读

嘿，我亲爱的宝贝儿，我是最疼爱你的爸爸。爸爸今天休息，终于可以给宝宝讲故事听啦！快来，听爸爸给你讲一个朱冲的故事吧！

善良的朱冲

小朱冲心肠很好，邻居们都很喜欢他。

有一次，朱冲独自去地里干活，忽然发现绿油油的麦苗被踩踏得七扭八歪，还有一些被牛羊给吃掉了。这可是家里的口粮啊，没有麦子，家人吃什么呢？朱冲心痛极了。

正在旁边地里劳作的邻居悄悄地告诉他说：“是张三将牛放到你家的地里了。”

朱冲虽然十分心疼，却并没有冲张三发怒，只是十分和气地对他说：“下次你一定要看好牛啊，好好的麦苗都被吃掉了，多可惜。”

可张三仗着自己家的兄弟多，欺负朱冲人小，根本不把朱冲的话当一回事，该放牛还放牛，牛还照样吃朱冲家的麦苗。

眼瞅着自家地里的麦苗又少了好些，朱冲这次有点生气了，经过一夜的苦思冥想，他终于想出了一个好办法。

晚间，朱冲干完农活时，从自家的地里割了好多草，带回家给张三，并对张三说：“我知道你们家的牛多，以后我每天都会割一些草带回来，给你们家喂牛。”

这次张三真的被感动了，对朱冲说：“不好意思啊，以后我们一定会看管好牛，不会再让牛跑到你家的麦地里了。”

善良的朱冲用自己的方式解决了牛吃麦子的问题。秋天的时候，朱冲家的麦子收了好多，足够一家人吃的了。

宝宝，妈妈想对你说

朱冲家的麦子被张三的牛给吃了，善良的他却以德报怨，自己割草给张三的牛吃，解决了自家麦子被吃的问题。宝宝，这个方法不一定最好，却告诉我们，解决问题的方法有很多，关键要看用什么方法能解决问题。妈妈希望你长大后，遇到问题能积极想办法去解决。

在孕中期，胎宝宝的听力开始发育，准妈妈应尽可能多抽一些时间欣赏音乐。随着音乐的节奏，准妈妈可以想象胎宝宝欢快的脸庞和体态，在潜意识中与胎宝宝进行情感交流。胎宝宝接收到准妈妈幸福的信息，也会快乐地成长。

准妈妈来读

宝宝，你好呀！一天过去了，你又长大了一些，来到妈妈身边的日子也又近了一些，妈妈好开心哦！妈妈知道，你也想赶紧出来和我们见面，对不对？现在，妈妈就要给你讲个小故事了。

青蛙王子

有一位漂亮的小公主，很喜欢在河边玩金球。有一次，公主又在河边玩金球，一不小心，金球落进水里了。

“这可怎么办呀？金球捞不上来，爸爸会责骂我的！”小公主在河边伤心地哭了起来。

这时，一只青蛙跳过来说：“美丽的小公主，我能帮你做些什么吗？”

“啊，青蛙。”小公主兴奋地叫起来，“我的金球掉进水里了，你能帮我捞上来吗？”

“可以，不过，”青蛙说，“你能和我做朋友吗？”

“这……”小公主看了看丑陋的青蛙，心里很不情愿。可一想到自己的金球还在河里，就假装答应了，说：“好吧，小青蛙，我愿意和你做朋友。”

“太好了！”青蛙高兴地跳了起来。然后跳到水里，帮小公主捞起了金球，把金球交到小公主手里。

可是，小公主拿到金球后，并没有和青蛙做朋友，而是抱着金球独自跑回了王宫。

到了晚上，国王一家正在吃晚餐。这时，一只青蛙跑到王宫来敲门。国王问清事情的经过后，就对小公主说：“宝宝，你既然答应和青蛙做朋友，就应该信守承诺，不能失信于人。”

公主知道自己错了，立刻跑过去邀请青蛙一起吃晚餐。在晚上临睡前，小公主还吻了青蛙一下，没想到的是，青蛙一下子变成了英俊的王子！

原来，王子中了魔法，变成了青蛙。而小公主的吻一下子唤醒了他，让他又变回了王子。小公主对青蛙王子一见钟情，他们很快就相爱了。

从此，青蛙王子和小公主过上了幸福的生活。

1分钟胎教课堂

怀孕6个月左右，胎宝宝的条件反射系统发育基本形成，可以开始做抚摸胎教了。方法是：每天临睡前，准妈妈平卧在床上，放松腹部，然后用双手由上至下、从左向右，轻轻地抚摸胎宝宝，就像抚摸出生后的宝宝那样，每次持续5~10分钟。抚摸时手的力度要轻柔，切忌粗暴。

准爸爸、准妈妈都可读

乖宝贝儿，妈妈刚刚吃完晚饭，现在正坐在饭桌前，看着爸爸吃饭呢！你瞧，爸爸吃得多香呀！好，我们一边看爸爸吃饭，一边听故事，好不好？妈妈今天要给宝宝讲个关于梦的故事。

爱丽丝梦游仙境

爱丽丝正坐在一棵大树下看书，突然看见一只兔子边跑边说：“不好了，会迟到！”

爱丽丝觉得这兔子很奇怪，便跟过去。突然，兔子跳进一个洞里消失了。好奇的爱丽丝也跟着跳进了洞里。过了很久，她才摔倒在洞底。奇怪的是她一点都不痛。

爱丽丝爬起来时，看见那只兔子飞奔而来，边跑边说：“不好了，会迟到。”说完，他就跳进了一扇门内。爱丽丝也想进入那扇门内，但门太小了进不去。

爱丽丝伤心得哭了起来，哭得地上都是泪水。她抬头时，看到一瓶写着“饮我”的果汁，就拿起果汁，把它喝完了。

这时奇怪的事情发生了。爱丽丝正在不断地缩小、缩小，最后竟然漂浮在自己的泪水中，还被许多动物包围着。

这些动物边漂浮在泪水中，边讨论如何弄干身子。爱丽丝也加入讨论，但她老是提起家里的猫，把动物们都吓跑了。

这时，那只兔子又跑过来了，边跑边说：“糟了！丢掉了手套和扇子，一定会被女王处死的。”

爱丽丝忙去追兔子，可惜没追上。她看到蘑菇上有一只抽着水烟的青虫。

“青虫先生，我怎样才能变大？”

“吃一块蘑菇吧！”

吃了一口蘑菇后，爱丽丝的身子突然变得好长。

宝宝，妈妈想对你说

宝宝，这个故事很奇怪，你可能觉得不知道是在说什么。但这个故事好就好在，讲的就是真实的梦境。我们每个人都会做梦，梦往往是千奇百怪的，你看过的故事、听过的故事，可能都会胡乱地出现在你的梦里。

“我怎样才能变小呢？”

“吃一口蘑菇吧！”

爱丽丝又吃了一口蘑菇，就变小了。

原来，吃蘑菇的一半会使身子变长，吃另一半又会使人变小。爱丽丝将蘑菇一分为二，经过反复尝试，她终于恢复了原来的身高。

爱丽丝来到一个庄园，看到帽子先生、三月兔和睡鼠正在开茶话会。帽子先生告诉爱丽丝，由于他正在受罚，使时间永远停留在下午6点，也就是下午茶时间，所以他不得不整天都吃茶点。爱丽丝觉得帽子先生在说谎，加上三月兔不愿告诉自己回家的路，便生气地走了。

爱丽丝走着走着竟然看到了女王，便向她询问回家的路。

“去问海龙和虾子吧！”女王说。

爱丽丝在海边找到海龙和虾子，他们说：“到法院去问问吧！”

爱丽丝溜进法院里，看到公爵正在受审。作为证人的帽子先生和三月兔，指证公爵偷了女王的饼。

“杀了公爵。”最后，女王下了判决。

“这审判太草率了吧！”爱丽丝有点生气地想。这时，她的身子就开始变大了。

“杀了这怪女人！”女王大声命令。

扑克牌士兵听到命令，拿着长矛就向爱丽丝冲去。

“哎哟！”爱丽丝吓得尖叫一声，突然就醒了。啊！原来是做了一场梦。

1分钟胎教课堂

胎宝宝是一个具有独立个性的个体，有自己的生活规律，也有自己的喜好。所以，当准妈妈想要听音乐时，应先考虑胎宝宝目前的状况。如果胎宝宝正在安静地睡觉，就不要打搅他，让他安静地睡吧，也许他正在做美梦呢！当出现胎动时，表明胎宝宝已经睡醒，想要活动啦。此时，就可以进行音乐胎教了。

给胎宝宝听的音乐，应选择经过医学界优生学会审定的胎教音乐，并不是所有优美的乐曲都适合胎教。因为胎教音乐要求在频率、节奏、力度等方面，应尽可能与宫内的胎音合拍。比如，理查德·克莱德曼的一些钢琴曲虽然好听，却不适宜作为胎教音乐。

准妈妈来读

宝宝，到听故事的时间了哦！你听，外面多热闹呀！外出的人们都回家啦，汽车的“嘀嘀”声，人们的欢笑声。对了，还有对面的理发店。啊，是谁在剪发呢？是螃蟹吗？因为妈妈马上要给宝宝讲的，就是螃蟹开理发店的故事呢！

螃蟹做生意

螃蟹决定做生意——开一家理发店。作为有一对“剪刀”的螃蟹来说，开理发店、做理发师是很不错的选择。

然而，理发店开业后，一位上门的客人都没有。“没有客人，我可以主动去找。”螃蟹决定开始“上门服务”。

第二天，他举着“剪刀”来到了海边，看到一只章鱼正窝在沙堆里数石头打发时间，赶紧上前打招呼。可章鱼的头光溜溜的，一根头发都没有。

螃蟹来到了一座山上，一只小駱子一边哭一边抚弄自己身上的毛发。

螃蟹过去问道：“小駱子，你怎么了？”

小駱子委屈地说：“我的头发乱糟糟的，小伙伴们都嘲笑我，可是没有人帮我剪头发。”

“不要伤心，小駱子。我就是一个理发师，我可以帮你剪头发。”螃蟹说。

小駱子很高兴地问：“真的吗？那你赶紧帮我剪剪吧。”

于是，螃蟹迎来了自己当理发师之后的第一个顾客，他努力地挥舞着“剪刀”，咔嚓，咔嚓。可是，小駱子的头发实在太多了，所以螃蟹的工作进展得非常不顺利。但螃蟹非常敬业，他一直坚持工作。最后螃蟹花了3天时间，终于把小駱子的头发剪好了。

“谢谢你，螃蟹先生！”小駱子看到水中自己的倒影，摸摸平整的头发，开心极了。

“你喜欢就好。”螃蟹虽然很累，内心却很满足。原来，被别人需要是一件非常开心的事儿！

1分钟胎教课堂

如果准妈妈经常感到心情不佳，可以有意地欣赏一些名画，不仅能有效调节情绪，还能提高个人修养，培养胎宝宝未来的审美能力。在此，特别要推荐梵高的代表作《向日葵》。

向日葵不仅是一种植物，还是带有原始冲动和热情的生命体。这种热情与美，可以促使准妈妈和胎宝宝共同得到心灵的滋养与欢愉。如果在向日葵花开的季节怀孕，准爸爸不妨陪同准妈妈一起到自然界中亲身感受向日葵的美丽和神奇。这样不但能让准妈妈放松身心，保持心情愉快，还能让胎宝宝得到很好的胎教。

准爸爸来读

嘿，我的小可爱，爸爸来啦，赶快起来活动活动吧！对啦，小手伸出来，小手在哪儿呢？让爸爸摸一摸。啊，还会蹬腿！宝宝真棒呀！为了奖励乖宝宝，爸爸就给宝宝讲个小故事听吧！

小蚂蚁造房子

春天来了，森林里的小蚂蚁们忙碌起来，他们正在建房子呢。

小甲虫看到了说：“出来玩吧，春天多美呀，错过了，就看不到美丽的花儿了。”可是，没有小蚂蚁出来玩，大家都在默默地干着活。

夏天来了，小蚂蚁们的房子也快建好了。一天电闪雷鸣，天上乌云密布，大风呼呼地刮着，小昆虫们纷纷找地方避雨，有的躲到了树叶下，有的藏到了石缝里。可小蚂蚁们都忙着运送小土粒呢，将土粒挡在大门前。可是雨太大了，小蚂蚁们的家灌满了水，他们辛苦干了一个春天，家却被一场大雨给冲走了。

大雨过后，小蚂蚁们又快乐地开工了，还是建房子。

象鼻虫看到了，对小蚂蚁们说：“不要做了，快出来玩吧，夏天还要下雨呢，到时候，再被雨水冲了，又白白辛苦了。”

小蚂蚁们回答说：“没关系，被雨水冲走了，我们再建。”

快到冬天的时候，小蚂蚁们的家终于建好了。他们为了庆贺，邀请小甲虫、象鼻虫、小蜈蚣、小蚜虫等去参观。

站在小蚂蚁们的房子前，小昆虫们都被惊呆了，这哪里是普通的房子啊，简直是一座大宫殿。一个个小房间数也数不过来，一间挨着一间。

经过一个春天和一个夏天的忙碌，小蚂蚁们终于在冬天住进了温暖的大房子。

宝宝，妈妈想对你说

宝宝，你看，一场大雨把小蚂蚁们快建好的房子冲毁了，但是小蚂蚁们没有放弃，还是继续建造自己的房子。这告诉我们，成功的路不是一帆风顺的，只要坚持自己的目标，不放弃就一定能成功。

1分钟胎教课堂

妊娠6个月时，胎宝宝对外界的声音变得十分敏感，并具备了记忆和学习能力。此时，准妈妈可逐渐加强对胎宝宝的语言刺激。比如，为胎宝宝讲幼儿故事画册，培养胎宝宝丰富的想象力；还可将画册中每页所展示的幻想世界用富于想象的大脑放大，传递给胎宝宝，促使其心灵健康地成长。

准爸爸来读

小宝贝儿，这几天有点忙，没有给宝贝讲故事听了哦！真对不起啊！宝宝想爸爸了吗？爸爸刚刚读了一个青蛙的故事，可有趣了！爸爸想讲给宝宝听听，让宝宝也开心一下，好不好呀？

青蛙的歌声

每到夏天的夜晚，总是能听到青蛙的歌声，“呱呱”的叫声可以从黄昏到深夜，青蛙一点儿都不觉得累。但是对于这种每天唱歌的生活，青蛙亮亮和青蛙咕咕似乎有点厌烦了。

亮亮对咕咕说：“我们晚上总是唱歌，我担心会影响岸边屋子里人们的休息。”

咕咕表示赞同，说：“你说得对，我也觉得我们唱得太多了。”

“你看这样好不好，我们和大家都说说，在晚上的时候歇一歇，哪怕一个晚上不唱也是好的。”亮亮提了一个建议。

于是，亮亮和咕咕把自己的想法和所有的青蛙们都说了，虽然有的青蛙不理解为什么要这样做，但都尊重亮亮和咕咕的想法，青蛙们最终决定三个晚上不唱歌。

当天晚上，所有的青蛙都静悄悄的，谁也没有发出声响。第二天、第三天也都保持了沉默。

第四天的早上，屋子里的妇人对着丈夫抱怨道：“我习惯了听着蛙声睡觉，可是这三个晚上一点儿蛙声也没有，我都失眠了。”

一听这话，许多青蛙也都纷纷说：“是啊，连续三个晚上不唱歌，我们都快闷傻了。”

1分钟胎教课堂

准妈妈要注意自己的感情，你所想的、说的、感觉的和希望的都会对腹中的胎宝宝有影响。6个月的胎宝宝就有一种“感情雷达”，能使自己感觉到妈妈的情绪并做出反应，准妈妈应每天抽出一点时间读些如《365夜故事》之类的童话寓言故事。对腹中的胎宝宝要经常抚摸，感觉到胎动时就同他聊天、唱歌，很快胎宝宝就会安静了。

亮亮和咕咕听了，也不好意思地说：“本来我们以为夜晚应该像人类一样，安安静静的，现在才知道，原来青蛙就该有青蛙的样子，晚上就该大声地唱歌，我们俩这几天晚上也闷坏了。”

在第四天的晚上，青蛙们又开始唱起歌来。月亮听着他们的歌睡着了，星星听着他们的歌睡着了，屋子里的人们听着他们的歌也睡着了。

准妈妈来读

嗨，乖宝宝，你又在翻筋斗啦！是不是很想早点出来和爸爸、妈妈见面呀？嗯，我们也很想快点见到你呢！你看，昨天爸爸还给你买了一双漂亮的小鞋子，等你出生后就能穿了哦！现在，妈妈要给宝宝讲一个两只小青蛙的故事，看看小青蛙们为什么打架吧！

两只小青蛙

绿青蛙和黄青蛙每天都会吵架。他们谁也不肯让谁，经常吵着吵着就打了起来。这不，今天他们又吵着吵着打起架来了。

就在两只青蛙斗得难舍难分时，一股寒风吹过，他们同时打了个寒战。这时，他们才想起来，寒冷的冬天来了，该钻到土里冬眠了。于是，这两只青蛙暂时停手，气鼓鼓地向对方下战书：“明年开春了接着打！”

“谁怕谁，哼！”

到了第二年春天，温暖的春风把冰雪融化了，大地复苏，嫩绿的小草和树芽开始萌出。绿青蛙伸了伸懒腰，最先冒出来。它左看右看，没有看到黄青蛙，就开始对着土地喊：“喂，黄青蛙，春天来了，赶紧出来！”

“喊什么喊！”绿青蛙话音刚落，黄青蛙就从土里钻了出来。

“别忘了去年的那一架，咱们还没打完呢！”听到绿青蛙不善的语气，黄青蛙甩了甩头，慢悠悠地说：“着什么急啊？我要先去池塘把身上的土洗干净了再说。你看看你，一身脏兮兮的。”

于是，两只青蛙一起来到池塘边，“扑通扑通”地跳了进去。池塘里的水又清澈又透亮，把两只青蛙全身都洗得干干净净的，他们的心情也变好了。

“哎呀，我突然发现，你这么一洗，绿色变得更绿了。”

“你的黄色也更漂亮了。”

“那咱们还打架吗？”黄青蛙笑着问道。

“不打了，还是先填饱肚子吧。”绿青蛙说完，便和黄青蛙相视一笑，准备一起捉害虫去了。

宝宝，妈妈想对你说

宝宝，你发现没有，两只爱打架的小青蛙，当他们洗干净了身子和想起还没有吃饭时，就不再打架了。所以，以后劝别人不要打架，不妨试一试让他们去把身体洗干净和吃饱饭吧。

宝宝，秋天到了，天高气爽，白云朵朵，非常漂亮。来，乖宝宝，今晚就和妈妈一起读一个塞翁失马的小故事吧！

宝宝，妈妈想对你说

有的时候，看着是坏事，但可能又会变成好事，就像塞翁丢了一匹马，后来不仅回来了，还带回了一匹好马。有的时候，看着是好事，但可能又会变成坏事，就像塞翁白得了一匹马，但儿子却因为骑马摔断了腿。宝宝，小故事告诉我们的这个道理，你懂了吗？

塞翁失马

塞翁家养了好多马。一天早上，塞翁在喂马时发现，一匹黑马不见了。这匹黑马全身没有一根杂毛十分神骏，跑起来就像一阵风刮过。

塞翁有点心痛，但转念一想，再难过马也不会回来了，还不如想开点，就当是个提醒，以后看牢点马厩，不再丢马就行了。塞翁的心情豁然开朗，照常喂马、清洗马舍去了。

邻居听说了这件事，就安慰塞翁说：“丢就丢了吧，不要太着急啊，这么大年纪了，万一急出病来，倒是损失了。”

塞翁笑了笑，说：“未必是坏事，也许会带来什么福气呢。”

邻居听了，认为塞翁不过是自我安慰。丢了马，怎么能是好事呢？哪儿知道，几天过去了，丢失的黑马又自己跑回来了，还带回了一匹更加神骏的千里马。

邻居心里酸溜溜地恭喜塞翁说：“您真有远见，跑丢的马不仅回来了，还带回来一匹好马，您真是太有福气了。”

塞翁却一点也不开心，反而摇了摇头说：“未必是好事。”

果然，塞翁的儿子非常喜欢那匹千里马，骑着它到处跑，结果一不小心从千里马背上掉了下来，把腿摔断了。

邻居又来安慰塞翁，塞翁却说：“还好保住了性命，断条腿也许也是福气呢！”

邻居觉得塞翁真是老糊涂了。可没想到，不久国家就开始征兵要去打仗，塞翁的儿子恰好因为摔断腿而避开了征兵，保住了性命。

1分钟胎教课堂

实施胎教，必须要先保证胎宝宝的生理需要，即他的身体发育，这是最基本的。因为胎宝宝太稚嫩，所以要保证他的休息和活动，该休息时休息，该活动时活动，不能太累他了，也不能太打扰他了，不能为胎教而胎教。最好的胎教就是顺其自然而为之。

准妈妈来读

妈妈的好宝宝，今天好乖呀，在妈妈的肚子里安安静静的，是心疼妈妈不让妈妈太辛苦吗？不过，宝宝要加油长大哦！长大了就能出来和妈妈一起读故事了！来，再听妈妈给宝宝读个故事听吧！

绿色的小妖怪

秋天来了，山上的板栗树结满了绿色的果实，把树枝都压弯了。一阵大雨过后，一个小板栗从树上掉了下来，顺着河流漂到山下，被一块大石头挡住了。

小松鼠正好要去河边喝水。“咦，河里有个绿色毛茸茸的小东西，那是什么呢？”小松鼠一边说一边用树枝把小板栗从河里捞了上来。

“哎呀，好疼！”小松鼠刚用手碰到小板栗，就被刺扎得生疼，于是，她头也不回地跑了。

小鸭子看到小松鼠慌慌张张，便问道：“发生什么事了？”

“河边有一只绿色的小妖怪，它还咬了我一口，把我的手都咬疼了。”小松鼠说完便跑回了家。

好奇的小鸭子跑到了河边，看到了小板栗。小鸭子问小板栗：“你叫什么名字呀？”

小板栗可不会说话，小鸭子见没有动静，就用翅膀拍了拍小板栗，“哎呀，好疼！”小鸭子的翅膀也被小板栗的刺扎疼了。“真是个绿色的小妖怪！”小鸭子大叫着跑开了。

很快，山下的小动物们都知道了这个消息。小猴子观察了小板栗好几天，发现小板栗一动也不动，便猜想小板栗应该是树上的果子，就跟松果差不多。

于是，小猴子搬来一块大石头，狠狠地砸在了小板栗的身上，果然，小板栗裂开了，露出了三个光滑的栗子。小猴子拿起一个尝了尝，味道还不错。这下，大家都放心了，因为这个绿色的小东西肯定不是小妖怪。

宝宝，妈妈想对你说

小松鼠、小鸭子都不认识小板栗，结果被刺疼了就说小板栗是绿色的妖怪。后来，小猴子通过细心观察，把板栗砸开证实了他的猜想。宝宝，这告诉我们：不能别人说什么就信什么，要自己亲眼看到的才可相信。耳听为虚，眼见为实嘛。

准爸爸、准妈妈都可读

宝宝，今天的天气非常好，爸爸和妈妈带你去享受阳光了。你瞧，我们回来时还买了好多好吃的呢！都是妈妈最爱吃的，有苹果、草莓，还有牛奶。啊，看到这些东西，妈妈一下子想起一个有趣的小故事来，讲给宝宝听听吧！

果果鼠的玩具交换店

果果鼠的家里，到处是横七竖八的玩具，有静静躺着的布娃娃、落满灰尘的小飞机、一动不动的小鸭子、缺胳膊少腿的变形金刚，还有好多好多的旧玩具。有一次果果鼠走路时，被这些玩具绊得摔了一个大跟头，差点把大门牙摔掉了！这些玩具全是鼠爸爸买给果果鼠的。每件玩具刚买来时，果果鼠都非常喜欢玩。可是时间一长，他就不喜欢这些旧玩具了。

这天，滴滴猪来果果鼠家里玩，他看到满屋子的玩具后，就眼巴巴地对果果鼠说："我可以玩一下你的玩具吗？"

果果鼠皱着眉头说："不可以，你会弄坏我的玩具的。"

蓝眼兔来果果鼠家里做客，看到屋子里好多的玩具后，对果果鼠说："可以把你的玩具借给我几天吗？"

果果鼠摇着头说："不行，你会搞丢我的玩具的。"

渐渐地，来找果果鼠玩的小伙伴越来越少了，最后，干脆没人来和他玩了。果果鼠很孤单。

果果鼠去找山羊爷爷，将自己的烦恼告诉了他。

山羊爷爷笑了笑说：“果果鼠，不要难过。我告诉你一个办法，你可以试试，保证你能交到很多朋友。”

果果鼠迫不及待地说：“山羊爷爷，您快说！”

果果鼠听了山羊爷爷的锦囊妙计后，高高兴兴地回家去了。

不久，果果鼠在大榕树下，开了一家玩具交换店。

森林里的小伙伴们听到这个消息后，都带着自己的玩具，找果果鼠交换玩具。滴滴猪和蓝眼兔也抱着自己的玩具来了。

来玩具交换店的小动物们实在太多了，果果鼠都忙不过来了。

滴滴猪和蓝眼兔就来帮果果鼠。

忙了一整天后，大家都带着交换来的玩具，满意地回家了。

果果鼠不好意思地对滴滴猪和蓝眼兔说：“真对不起，那天我应该借玩具给你们玩。”

滴滴猪说：“不，我们要谢谢你，通过交换玩具，我们有了很多没有见过的玩具。”

蓝眼兔说：“通过交换玩具，还让我们认识了更多的朋友呢！”

果果鼠高兴地说：“那太好了，让我们一起把玩具交换店开下去吧。”

果果鼠的玩具交换店名气越来越大，好多小动物都慕名前来。他们不仅交换到了很多玩具，还交了很多好朋友呢！

宝宝，妈妈想对你说

小动物们不仅通过交换玩具得到了新玩具，还交到了很多朋友。宝宝，你也可以这样做哦。

1分钟胎教课堂

交响乐、摇滚乐及迪斯科等类型的音乐，都是非常不适合准妈妈进行胎教的。因为这类音乐音量较大，节奏紧张激烈，声音刺耳嘈杂，会让胎宝宝感到躁动不安，引起神经系统及消化系统的不良反应，还会促使母体分泌出一些有害的物质，危及准妈妈和宝宝。所以，喜欢此类音乐的准妈妈应为胎宝宝的健康着想，尽量选择一些能让自己情绪平和、愉快的音乐进行胎教。

准爸爸来读

我的小乖乖，爸爸又来给你讲故事啦！是不是很喜欢听爸爸讲故事呀！今天，爸爸要给宝宝讲一个长尾猴的故事，可有趣了，宝宝要认真听哦！

长尾猴戴眼镜

长尾猴老了，视力也变差了，总是看不清东西。有时在路上碰到多年的老朋友，他也看不清楚，怕认错人不敢跟人打招呼。

“长尾猴，我觉得你可以去买一副眼镜，听人家说戴上眼镜就能看清楚了。”老朋友松鼠给长尾猴出了个主意。

“好的，我去试试看。”长尾猴果然去集市上买了一副眼镜，但是他遇到了一个难题——不会戴眼镜。长尾猴又不想去问别人，怕被笑话，于是他自己试着戴：先把眼镜戴在长尾巴上，感觉视力没有什么变化，接着把眼镜戴在头顶上，可还是没有用。

“会不会是眼镜没有擦干净的缘故？”长尾猴用舌头舔舔镜片，然后用身上的毛把它们擦得亮亮的，接着他又开始试戴。

“真看不出来这眼镜有什么好的。”长尾猴嘟嘟囔囔地自言自语。就在这时，老朋友松鼠路过，看到长尾猴在摆弄眼镜，于是问道：“嗨，老伙计，新眼镜很好吧，能看清楚我吗？”

长尾猴回答说：“跟以前根本没什么区别，我看不出这眼镜有什么用处。”

松鼠挠了挠头说：“不可能啊，之前我看到有人戴上眼镜就能看清楚报纸上的字了，会不会是你戴的方法不对呀？”

长尾猴很不好意思地把自己试戴眼镜的方法演示了一遍。松鼠看了之后，笑着说道：“老伙计，眼镜是戴在眼睛上的。”

长尾猴没好气地说：“眼睛上怎么戴眼镜呢？”

松鼠说：“你可以把它架在鼻子上，然后把眼镜的两条腿放在耳朵后边。”

长尾猴按照松鼠说的方法试了一遍，发现果然能看清楚了，他红着脸说：“眼镜原来是这么戴的啊！”

1 分钟 胎教课堂

准妈妈在对胎宝宝进行音乐胎教时，可以一边听一边告诉胎宝宝：“宝宝，你听，这是小溪流水的声音，这是小鸟唱歌的声音……”保持这样的交流互动，能让胎宝宝感受到准妈妈对他的关注，训练胎宝宝的反应灵敏度，同时还能令胎宝宝产生愉悦的情绪。

准妈妈来读

宝宝，天黑了，月亮出来了，睡前故事时间又到了。在妈妈眼里，宝宝是个听话的乖宝宝，就像小星星一样。嗯，今天妈妈就给宝宝讲个月亮和星星的小故事吧。

月亮妈妈和星星宝宝

月亮妈妈有很多星星宝宝。

天黑了，月亮妈妈升上天空，对星星宝宝们喊着："宝宝，宝宝，该回家了——"

星星宝宝们听话地回家了。

月亮妈妈接着喊："宝宝，宝宝，该上床了——"

星星宝宝们听话地上床了。

月亮妈妈又喊道："宝宝，宝宝，闭上眼睛睡觉了——"

星星宝宝们听话地闭上了眼睛，慢慢地进入了梦乡。

星星宝宝们真的都那么听话吗？

那当然了！

不信你拉开窗帘向外看看，当月亮妈妈升到天空时，是不是天上的星星就会变得特别少，那是因为星星宝宝们都睡着了。

宝宝，妈妈想对你说

宝宝，你看，星星宝宝都听月亮妈妈的话，乖乖睡觉去了。你听完故事，也该乖乖睡觉了吧。

1分钟胎教课堂

胎教可为胎宝宝提供健康、有爱的成长环境，让胎宝宝在这种环境中成长得更快乐、更健康。

准爸爸、准妈妈都可读

宝宝，晚上好呀！又到听故事的时间了，今天晚上给宝宝讲个什么故事呢？啊，就讲小熊笨笨看下雪的故事吧，很有趣的哦！

小熊笨笨看下雪

小熊笨笨不止一次地听小伙伴们说过，冬天下雪时的景色好美，漫天的雪花，像是从天上洒下来的白色花瓣，纷纷扬扬，地上铺着一层厚厚的雪花地毯，好看极啦！

小熊笨笨不停地提醒自己，这个冬天一定不能睡着，一定要亲眼看看，下雪是怎样的。

寒冷的冬天终于来了，北风“呼呼”地刮遍了整个大森林。

小熊笨笨打了个长长的哈欠，他实在是太困啦！

“我只睡一会儿，然后就一直醒着，等待雪花的到来。”小熊笨笨这样安慰自己。他闭上眼睛，睡着了，并且做了一个长长的美梦。梦见自己和森林里的小伙伴们，在雪花飞舞的大森林里，高兴地堆雪人、打雪仗。小伙伴们找来一个雪橇，让小熊笨笨坐在上面，大家用绳子拉着雪橇，在雪原上不停地跑呀跑！

小熊笨笨乐得哈哈大笑，竟然笑醒了。小熊笨笨醒来后，揉了揉眼睛，喃喃自语道：“我该到外面去看雪啦！”

谁知当他走出树洞时，发现外面早就是春天了。小熊笨笨委屈得“哇哇”大哭起来。

“小熊笨笨，你为什么要哭呀？”小花猫咪咪问道。

“我睡过头啦！错过了看下雪。”小熊笨笨哭得更伤心了。

“所有的小熊在冬天都要冬眠。所以你看不到下雪，是很正常的。”小白兔嘻嘻地跳过来安慰小熊笨笨。

“不，我就要看下雪。”小熊笨笨哭得更厉害了。

听到小熊笨笨的哭声，越来越多的小伙伴们走了过来，围在

准妈妈应尽量克服自己的懒惰情绪，争取每天早些起床，到有树林或草地的地方去散步或做操，呼吸一下清新的空气。除了早晨外，准妈妈在工作之余也应到树木、草坪或喷泉边走走。晚上休息时，最好能把窗户打开一点，保证室内空气清新。如果天气太冷可关窗，但起床后应及时开窗换气。

另外，节假日能与家人一起到郊区游玩，也是一种呼吸新鲜空气的好方法。在欣赏大自然美景的同时，准妈妈体内含氧丰富的血液会让胎宝宝像喝足水的“庄稼”一样茁壮成长。

他的身边，但不知道怎样安慰他才好。

“小熊笨笨，不要难过了，我现在就带你去看下雪！”忽然，小猴子跳跳从一棵大树上跳下来，站在小熊笨笨的面前。

“真的吗？现在可是春天了呀！”小熊笨笨半信半疑地问。

大家也用不解的目光，望着小猴子跳跳。

“大家跟我来！我们去看下雪。”小猴子跳跳说完就向森林深处跑去。

大家怀着好奇的心情，跟着小猴子跳跳出发了。

他们穿过大森林，跨过一座石拱桥，来到了一片飘着花香的梨树林。梨树上开满了雪白的梨花，春风轻轻一吹，梨花的花瓣就会打着旋儿轻轻地落下。梨树下的青青草地上，铺着一层洁白的花瓣，就像是真的在下雪一样。

大家纷纷发出感叹道：“哇！好美呀！”

“原来春天的雪，比冬天的雪还要美！”

“我终于看到下雪啦！我终于看到下雪啦！”小熊笨笨高兴地在梨树下跑来跑去，花瓣纷纷落在了他的头上和身上。

虽然春天的这场梨花雪不能堆雪人，可大家还是玩得十分开心。等梨花落掉后，就会结出梨来。再等一段时间，大家就能吃上香甜的梨啦！

宝宝，妈妈想对你说

小熊笨笨因为要冬眠，所以看不到冬天的雪景。小猴子跳跳想到了一个好办法，带小熊笨笨去看梨花雪。更好的是，其他小动物也看到了梨花雪，都非常高兴。宝宝，以后遇到事情后，要想办法积极解决，要向小猴子跳跳学习。

准爸爸、准妈妈都可读

宝宝，妈妈现在正在吃鱼，吃鱼可以让宝宝长得聪明又乖巧哟！宝宝乖乖的，妈妈吃完饭，就给宝宝讲个有趣的故事听，好不好呀？

善良的美人鱼

小杰一家生活在海边，他经常跟爸爸出海打鱼。不过，由于小杰还小，爸爸从来不让他单独划船出海。

有一次，爸爸生病了，妈妈也不在家，小杰想给爸爸炖新鲜的鱼汤喝，便瞒着爸爸，一个人划着船来到了海上。

刚开始，海面上风平浪静，小杰连续钓到了两条大鱼，就在小杰准备返航的时候，一个大浪打了过来，小杰没站稳，竟一个跟头栽进了海里。本来小杰游泳的本领还不错，可是浪头一个接一个压过来，不论小杰怎么努力地划水，还是无法靠近自己的小船。

就在这时，小杰突然感到自己被一股强大的力量举了起来，接着就被扔回了小船里。小杰回头一看，只见一个美丽的少女正站在海里冲着自己微笑呢！不过，这个少女虽然长着人类的身子，却有着一条长长的鱼尾巴。

“难道你就是传说中的美人鱼吗？”小杰吃惊地问道。可是，少女只是微笑，并没有回答。

小杰继续说道：“是你救了我，我该怎么感谢你呢？”少女还是不回答。

“也许她听不懂人类的语言。”小杰一边想着，一边找出来一个彩色的海螺，然后放在嘴边吹了起来。海螺发出的声音一会儿响亮，一会儿清脆，一会儿低沉，就像一支优美的乐曲。

海面渐渐恢复了平静，小杰把海螺递给少女，用以表达自己的感谢之情。那少女似乎懂了小杰的心意，将海螺接了过去，然后朝着大海的深处游走了。

从那以后，小杰一家每天都会向大海祈祷，以此来感谢那个善良的美人鱼。

在对胎宝宝进行音乐胎教时，千万别将收录机直接放在准妈妈的肚子上，因为噪声会损害胎宝宝的神经，影响胎宝宝耳蜗基底膜的发育。

准妈妈来读

宝宝，今天是妈妈的生日，妈妈要吃生日蛋糕，蛋糕上还要插生日蜡烛呢。那妈妈现在就给你讲个和牛油烛有关的故事吧。

牛油烛的梦想

牛油烛觉得自己虽然只是牛油做的一种普通烛，比不上蜡烛，但也会有幸运的未来。他的理想是能待在厨房里，照亮人们的餐桌。

有一天，牛油烛被女主人拿到了厨房，厨房里有一个穿着补丁衣服的小女孩。好心的女主人把牛油烛连同满满一篮子土豆和几个苹果都送给了小女孩，说：“小朋友，你的妈妈经常要工作到深夜，这只牛油烛很有用，能让她看清楚东西，就送给你吧。”

小女孩高兴地笑了起来，说：“谢谢您，善良的女士！”小女孩脸上的笑容是那么明媚，让牛油烛觉得自己很幸福。

在去小女孩家的路上，牛油烛一直在想：“我会被带到什么地方呢？是不是连一个烛台都没有？”

到了小女孩家，牛油烛还没有来得及参观，就被点燃了，他听到了小女孩妈妈的祈祷：“真是位好心的太太！这支牛油烛也很可爱，可以一直点到深夜。”

接着，小女孩兴奋地搂着妈妈的脖子说：“我们今晚有热土豆吃啦！也是那位好心的太太送的！”牛油烛正照着小女孩的脸，她的笑容折射出幸福的光彩，就在这一瞬间，牛油烛感受到了一种快乐。

“妈妈，我先睡了，你也早点睡吧。”小女孩洗漱之后，跟妈妈道晚安。妈妈给了她一个吻，然后继续缝衣服直到深夜。

牛油烛静静地燃烧着，看着眼前的这一切，突然觉得自己是不是在烛台上并不重要，只要能燃烧起来，给人们带来光明就可以了。

宝宝，妈妈想对你说

牛油烛被点着了，给人们带来了光明、快乐和幸福，牛油烛也很快乐。这就是理想的意义吧。宝宝，妈妈希望你也有一个能给自己和别人带来快乐的理想呢。

准妈妈来读

宝宝，妈妈又上网给宝宝买了好多玩具，今天一天就收到了好几个快递包裹呢！宝宝乖乖的，妈妈现在就给你讲个快递员的故事吧。

热心的快递员

小猪有3个非常要好的朋友，小鹿、小羊和小兔子，他们经常约好了一起去森林里探险，或者去寻找最美味的蘑菇。

这天，小猪一大早就起床了，他们约好了一起去拔胡萝卜呢。小羊、小鹿都来了，只有小兔子一直没有出现。

“小兔子怎么没来呀？”小猪好奇地问。

“对呀，他最喜欢吃胡萝卜了，怎么没有来呢？”小羊也正奇怪呢。

小鹿说：“小兔子生病了，正发烧呢。咱们拔了胡萝卜给他送过去吧！”

小猪和小羊都点头同意说：“好啊，好啊，我们给他送胡萝卜去，他吃了胡萝卜就会好得更快了。”

他们一起拔了整整一大筐的胡萝卜，然后将胡萝卜分成了四袋，一袋给小猪，一袋给小羊，一袋给小鹿，还有一袋呀，留给小兔子。

不过，小猪、小羊、小鹿都背上了自己的那袋胡萝卜，沉沉的，大家都背不动小兔子的胡萝卜了，怎么办呢？

还是聪明的小猪想到了一个好办法。“我们用树枝做一个滑板吧，大家一起拖着滑板，就不累了。”

很快，滑板做好了，四袋胡萝卜都放在了滑板上，3个好朋友拖着滑板，轻轻松松地把胡萝卜送到了小兔子家。

小兔子开心极了，说：“谢谢你们，我的好朋友，你们是全天下最聪明、最热心的快递员。”

1分钟胎教课堂

牛奶营养丰富，富含钙质和色氨酸，准妈妈在睡前喝一杯牛奶不仅能补钙，还能补充色氨酸，促进睡眠。需要注意的是，相比凉牛奶来说，热牛奶的热量更能促使全身放松，帮助入睡。所以，准妈妈最好喝热的牛奶。

宝宝，妈妈想对你说

小兔子生病了，没能去拔胡萝卜，但他还是有了一袋胡萝卜。因为他有几个好朋友帮助他呀！宝宝，妈妈希望你长大后能多交朋友，也能多帮助朋友。

准妈妈来读

嗨，宝贝，刚吃完晚饭不要这么快就睡觉啦，运动的时间到啦！来，伸出你的小脚丫，让妈妈摸摸。妈妈好爱你哦！妈妈要给宝宝讲故事啦，今天讲个小老鼠灰灰的故事吧。

小老鼠灰灰

小老鼠灰灰有点儿饿了，肚子“咕噜噜”地叫个不停，他好想从墙缝里钻出去找点儿吃的东西呀！可是，灰灰胆子很小，他只敢在午夜的时候出去找吃的，要不然被白猫雪花看见了，肯定没有好下场。现在天还没黑，雪花正趴在自己的垫子上伸懒腰呢，灰灰只能忍着饥饿躲在墙缝里。

天渐渐黑了，虽然还不到午夜，可是灰灰实在是太饿了，他决定勇敢地出去找点儿吃的。灰灰的鼻子非常灵敏，他刚钻出墙缝，就闻到了厨房里饼干的味道。他小心翼翼地靠着墙根往厨房走去。

“哇，我看见饼干了。”灰灰抓起饼干，大口大口地吃起来。

雪花正好来厨房找水喝，“有老鼠！”她恰好看到了正在吃饼干的灰灰，“看我不抓住你。”雪花喵喵大叫着冲灰灰扑过去。

灰灰吓了一跳，“哧溜”一声蹿下了桌子，从凳子底下穿过去，躲进了墙缝里。

雪花追着灰灰奔跑过来，就在她试图穿过凳子底下时，灰灰突然听到一声大叫：“哎哟，我被卡住了。”

原来，雪花晚餐吃得太饱了，肚子太大，竟然被卡在了凳子下面，这下，它可追不上灰灰了。哈哈，原来雪花这么蠢！从那以后，灰灰自信多了，因为他知道，只要自己努力地跑，就算是白猫雪花，也不一定能追上自己。

人们发现，经过胎教的语言文字记忆训练，胎宝宝出生后，在学习语言、文字等方面会比其他宝宝学得更快更好。所以，准妈妈应采取一些必要的胎教训练，为胎宝宝将来的学习打好基础。在怀孕7个月左右，准妈妈就可以教胎宝宝学习拼音了。可以从最简单的a、o、e开始学起。在对胎宝宝进行胎教时，准妈妈要控制好音量，语气也要温柔、亲切，让胎宝宝感受到妈妈的爱与关怀。

拇指姑娘用她的善良
为自己铺就了一条幸福的人生路；
小锡兵克服种种困难
最终得到了幸福的生活……
宝宝，听了一个个关于幸福的故事，
你是不是也感觉很幸福呢？
让我们一起品尝幸福的甜蜜吧！
希望这些故事能照亮你的世界，
打开你人生幸福的大门，
让你沐浴到明媚的阳光。

PART 3

打开幸福的大门，让我们一起沐浴阳光

准妈妈来读

宝贝儿，今天开心吗？妈妈越来越爱你了！来，和妈妈一起读故事吧。今天，妈妈和宝宝一起读个拇指姑娘的故事，好不好？

拇指姑娘

从前有对夫妇，一直没有孩子。他们就天天祈求上帝，赐给他们一个孩子。有一天晚上，梦到上帝对他们说："好好照顾你们的花，你们会有一个孩子的。"

第二天，他们养的花开了，花瓣的中央坐着一个娇小的姑娘。小姑娘白白嫩嫩的，很可爱，大小和拇指差不多。这对夫妇心里很高兴，就叫她"拇指姑娘"。

一天晚上，拇指姑娘正在花朵上睡觉，一只老鼠偷偷溜进来。老鼠是来找吃的，但发现了正在睡觉的拇指姑娘后，说："哇，这姑娘真好看！要是能给我当媳妇，该多好啊！"于是，老鼠没再找吃的，而是把拇指姑娘抱走了。

老鼠住在附近的农田里，他怕拇指姑娘逃跑，就找癞蛤蟆帮忙。癞蛤蟆把拇指姑娘放在一个大莲叶上。拇指姑娘一觉醒来，发现自己正躺在一个大莲叶上，周围都是水，吓得哭了起来。

她的哭声引来了经过的燕子，燕子知道拇指姑娘的遭遇后，就带着她飞到了森林里。但燕子还有别的事情，就让拇指姑娘先找个地方暂时住下来，过两天再带她回家。和燕子暂时分手后，拇指姑娘在森林又碰到了小松鼠，好心的小松鼠见拇指姑娘很可怜，就收留了她，还给了她一些吃的。

过了几天，拇指姑娘在松鼠家门口发现了救过自己的燕子。但是燕子受伤了，拇指姑娘赶紧找来小松鼠，把燕子带回了家。回到松鼠家，善良的拇指姑娘给燕子包扎伤口，悉心地照顾燕子。

春天来了，燕子的身体也恢复了。一天，他对拇指姑娘说：“我要回去找妈妈了，你愿意跟我一起飞走吗？”拇指姑娘高兴地点点头，并和小松鼠告别。

拇指姑娘坐在燕子的背上，他们飞到了一个美丽的大花园。燕子把拇指姑娘轻轻地放在一朵花瓣上，拇指姑娘就像回到了自己的家一样，高兴地在跳起舞来。跳着跳着，拇指姑娘忽然发现在另一朵花上坐着一位英俊的男子。原来，他正是这里的王子。王子向拇指姑娘表达了爱慕之情，拇指姑娘也很喜欢王子，他们相爱了。后来，他们结婚了，就在这个花园里一直过着幸福的生活。

宝宝，妈妈想对你说

拇指姑娘历经磨难，最终过上了幸福的生活。宝宝，妈妈要告诉你的是：一个人无论大小强弱，只要有追求幸福和自由的心，梦想的生活就一定会到来。妈妈希望宝宝以后遇到困难时也能像拇指姑娘那样，永远向往着阳光，去追求自己的理想和幸福。

1分钟胎教课堂

准妈妈平时可以和胎宝宝一起玩“踢肚子游戏”。当胎宝宝踢准妈妈的肚子时，准妈妈轻轻拍打被踢的部位几下，一两分钟后，胎宝宝会在拍打部位再踢。改变部位，准妈妈再轻轻拍打腹部几下，注意改变部位离上次被踢的部位不要太远。一两分钟后，胎宝宝会在改变后的部位再次踢。每天进行两次，每次几分钟即可。这种游戏有助于胎宝宝出生后站立、行走能力的发展，能让胎宝宝的身体更加灵活、健壮。

准爸爸来读

宝贝，爸爸又来给你讲故事喽！住在妈妈的肚子里很舒服吧？等你出生后，爸爸要带你到各地去旅行，去看美丽的风景。现在，爸爸先带宝宝到故事中看看一群动物坐着白云旅游是什么样的吧！

天上掉下一朵大白云

小动物们正在草地上玩耍，突然看见一大团白色的东西从天上掉了下来。

“哇，好大一团棉花糖！”馋嘴的小猪率先跑过去，在上面舔了一下。“不对不对，不是棉花糖，一点都不甜！”小猪吐了吐舌头说道。

“我看呀，是一大堆棉花，软软的，咱们都能上去玩！”小鹿说着，伸手要抓一把，可是他什么也没有抓到。在他抓的位置，出现了一个缺口，然后又慢慢合上了。“不对不对，不是棉花。”小鹿说。

“我看呀，是一堆雪，咱们可以堆雪人、打雪仗啦！”小鼹鼠说着，对着那团东西轻轻地吹了口气，然后摇摇头说：“不对不对，不是雪，对着她哈气都不会融化。”

“这种天气是不会下雪的！我看呀，是一堆羊毛！”小绵羊说着，轻轻地摸了摸，“不对不对，不是羊毛，比羊毛还要软呢！”

正在大家争论不休的时候，那团白色的东西突然动了起来，慢慢地露出了脸庞，说：“哎呀，谁在摸我，好痒啊！”

小动物们吃了一惊：哇，还有眼睛呢，还会说话呢！

“请问，你是谁呀？”胆大的小鹿上前一步，小心翼翼地问道。

1分钟胎教课堂

在给胎宝宝读故事前，准爸爸和准妈妈应先自己默读一遍，把故事中一个个生动的形象映入脑海中，如嫩绿的小草、可爱的小白兔、快乐的农夫……把故事中鲜艳的色彩、诱人的气味、美好的感触等，都一一记下来，然后再吐字清晰、声音和缓、充满慈爱地给胎宝宝讲。要把故事讲得绘声绘色的，这样胎宝宝才更爱听。

宝宝，妈妈想对你说

宝宝，你想像小猪、小鹿、小鼹鼠、小绵羊那样去旅行吗？妈妈可是真想去啊。当然，不能真的坐在白云上，我们是可以坐飞机到各地去看美景的。读万卷书，行万里路。妈妈希望宝宝长大后能多去旅游，多长见识，幸福地生活。

“我是一朵白云。”白云眨了眨眼睛说道。

“可是，白云不是应该在天上飘着吗？”

“我旅行累啦！我走过高山，走过大河，走过沙漠，走过沼泽，走过森林，走过草地。我实在太累了，就下来休息一会儿。”白云伸出一只手揉了揉眼睛。她的胳膊看起来飘忽不定，动作很慢，也不大准确。

“啊，你去过那么多地方，简直太了不起啦！”小绵羊竖起大拇指说道。

“我还从来没有到过森林外面呢！”

“这样的旅行一定有趣极了！”

小动物们纷纷说着，既敬佩又羡慕。

“这有什么呢？如果你们愿意，我可以带你们一起去。”白云说道。

“那太好了！”小动物们齐声欢呼。

白云的身体慢慢变换着，不一会就将小动物们都裹在里面。

“坐好了，不许乱动哦！如果怕高的话，可以告诉我。”白云说完，就带着大家出发了。

这是一次十分有趣的旅行。当然，谁也没有说自己怕高，即便是真的有些害怕，也舍不得下来。

就这样，他们经常一起旅行，一直到今天。不信你抬头看看天上的云朵，有时候像一只小猪，有时候像一头小鹿，有时候像一匹小马，那是他们从云朵里探出身体，悄悄地看向世界呢！

准爸爸、准妈妈都可读

哈喽，乖宝宝，晚上好呀！美好的一天又过去了，爸爸、妈妈要和宝宝一起休息了。在睡觉之前，爸爸总喜欢拿着画笔画一些简单的画。那就给宝宝讲个颜料和画笔的故事吧。

颜料和画笔

小白兔的桌子上总是摆着许多五颜六色的颜料和几支画笔，小白兔用他们画出了森林里最蓝的天空、最美丽的瀑布和许多盛开的花朵。有一天，小白兔画得有点累了，就趴在桌子上睡着了。

“我真了不起，当我印在纸上的时候，竟然可以那么美。”红色的颜料骄傲地说。

其他的颜料也纷纷点头，说道：“如果没有我们颜料家族，小白兔肯定什么也画不出来。”

一旁的画笔听了这话，很不开心，最粗的一支画笔对着颜料说：“不对，画出美丽图案的明明是我们，你们只不过是些带有颜色的水罢了。”

其他的画笔一听这话，也纷纷点头说：“对，我们更了不起。”

颜料和画笔你一言我一语争吵起来，把小白兔都吵醒了。

小白兔一边打哈欠一边说：“别吵了，我现在想画一朵红玫瑰，长在绿绿的草地上，你们谁能画出来，谁就最了不起。”

颜料和画笔这才意识到：如果小白兔不用手拿起画笔，也不用画笔蘸颜料的话，白纸上根本就不会有图案。

颜料和画笔齐声对小白兔说：“小白兔，你最了不起。”

小白兔笑着说：“颜料和画笔对我来说同样重要，没有你们，我也没法画出美丽的图画。”

宝宝，妈妈想对你说

一幅美丽的画，需要颜料、画笔和会画画的小白兔才能完成。这告诉我们一个道理，一个人的力量是弱小的，团结的力量才是巨大的。希望宝宝长大后，做一个爱团结的宝宝。

1分钟胎教课堂

准妈妈在妊娠期间，一定要注意科学饮食。一般来说，在怀孕中期的每日食谱可以这样安排：粗细粮各约200克；鸡蛋2~3个，或豆制品200~300克；瘦肉或鱼100~200克；牛奶或豆浆200毫升；植物油30毫升，蔬菜0.5千克，虾皮或海米5~10克，水果适量。

才一会儿的工夫，小白兔就画出了绿草地上的红玫瑰，颜料和画笔看着美丽的画却开心地笑了。

准妈妈来读

宝宝，你今天好乖哟！来，让妈妈抚摸一下，哇，宝宝好棒哦！好，作为对宝宝的奖励，妈妈给宝宝讲个小故事听，好不好？

豌豆公主

在一个王国里，有一位王子。他一直想找一位真正的公主做妻子，可走遍了全世界，也没有找到合适的人。王子闷闷不乐地回到家中，整天茶不思饭不想，国王和王后都很替他担忧。

一天夜里，突然下起了大暴雨。王子正准备休息时，一位姑娘忽然敲开了王宫的大门。她的衣服全都湿透了，长长的头发散乱地贴在脸上，样子很难看。可她说，她是一位真正的公主。

大家都不相信姑娘的话。王后想了想，便想了个办法验证她的身份。她走进卧室，在床上放了一粒小小的豌豆，又把二十床垫子和二十床鸭绒被压在豌豆上面。然后，她把那位姑娘领到卧室里，让她好好地睡上一觉。

第二天早晨，王后和大家都过来问姑娘昨天晚上休息得怎么样？姑娘边打哈欠边说："唉，我几乎整夜都没合眼，不知道床上到底有什么硬家伙，硌得我浑身难受极了！"

王后一听，高兴地想："那粒小小的豌豆被压在二十床垫子和二十床鸭绒被底下，她都能感觉出来。如果不是一位真正的公主，怎么能有这么娇嫩的皮肤呢？"

于是，不久后，王子就和公主举行了盛大的婚礼，过上了幸福的生活。

宝宝，妈妈想对你说

王子的妈妈为了帮助儿子找到幸福，用豌豆试探谁是真正的公主，那个诚实、美丽的真公主也一下子就被辨认出来了。看来，公主不仅外表美丽，还有一颗诚实善良的心。宝贝，妈妈希望你长大后也能这样优雅、诚实和善良。这样，你就会获得生活赐予你的惊喜和幸福！

1分钟胎教课堂

许多准妈妈给胎宝宝读故事时，音调缺乏起伏变化，这样就不能很好地达到胎教的目的。试想，一个难以打动自己的故事，又怎么能打动胎宝宝呢？所以，应想象"宝宝"就在你身边聆听你讲的故事，根据故事情节的变化，变换多种音调。而且要坚持每天给胎宝宝讲故事，每次5~10分钟即可。

准爸爸来读

宝贝儿，你瞧，爸爸又来给你讲故事听了。快竖起耳朵，听爸爸给你讲个小锡兵的故事吧！

独脚的小锡兵

有一个小男孩叫杰克。过生日时，爸爸送给他一份礼物，他打开一看，是 9 个神气威武的小锡兵。杰克高兴极了，他把小锡兵全部拿出来，放在桌子上。“一、二、三……”数到最后一个时，他发现这个小锡兵只有一只脚。杰克心想：“这个小锡兵真可怜呀！”于是，他最喜欢这个小锡兵了。

杰克的妹妹露西用硬纸做了一个漂亮的城堡。城堡里有一个跳芭蕾舞的姑娘，她穿着一条白裙子，肩上披着红色的缎带。只见这个姑娘把两只脚踮起来，藏在白裙子里面，在跳她最喜欢的芭蕾舞。

杰克对妹妹说：“就让我的小锡兵来保护你的城堡吧！”“好呀，好呀！”露西愉快地答应了。于是，杰克就把小锡兵一个个摆在城堡周围，让他们守卫着城堡。他还把那一只脚的小锡兵放在姑娘旁边，做她的贴身侍卫。

晚上，杰克做了一个梦。一只脚的小锡兵站在姑娘旁边，用眼睛偷偷地看着她，觉得她很漂亮。

1 分钟胎教课堂

准妈妈在闲暇时间可以养一些花草。摆弄花草的过程就是在接受大自然美的熏陶，能帮助腹中的胎宝宝在美的熏陶中快乐健康地成长。

夜里，城堡要举行歌舞晚会，小锡兵跟着姑娘来参加晚会。晚会上，姑娘吸引了众多的目光，但也引起了一个老太婆的嫉妒。当小锡兵陪着姑娘走到火炉旁烤手的时候，老太婆竟一下把他俩推到了火炉里。

旁边的人赶紧去救，姑娘因抢救及时，没有什么大碍，而一只脚的小锡兵却化成了一颗小小的锡心。

醒来后，杰克发现一只脚的小锡兵真的成了小锡心。他就把这个小锡心做成了一个项链，戴在了姑娘的脖子上，让他俩永远在一起，永不分离。

准妈妈来读

亲爱的宝贝，爸爸、妈妈都是喜欢旅游的人，但为了宝宝的健康，这段时间就不出去旅游了，那我们就陪宝宝读个熊大婶开旅店的故事吧。

熊大婶开旅店

最近一段时间，森林旅游特别火爆，原有的森林旅馆根本满足不了需求。熊大婶觉得这是个不错的商机，就决定把自家的住房改建成家庭旅馆。这不，家庭旅馆还没有改建好，就有一大群旅客找上门要求住宿了。

一下就来了这么多客人，熊大婶真是又高兴又发愁啊。她诚恳地对大家说："各位，真是抱歉，我的家庭旅馆还没建好，有的连窗帘都还没有安装呢。"

"没事！没事！"马先生摇着头说，"只要有个遮风避雨的地方就行了。"

"对对对，"其他人也跟着说，"我们也无所谓。"

"那好吧，只要你们不怪我服务不周到就行。"熊大婶勉为其难地为大家办理了入住登记。

旅客们回到各自的房间以后，熊大婶越想越不安，就决定去看看情况。她先来到1号客房。1号客房里住的是鸡妈妈和她的十多个孩子。

"笃笃笃！"熊大婶敲开1号客房，关心地问："鸡妈妈，你们一大家子只睡一张床会不会挤啊？"

"不挤！不挤！你看我们是怎么睡的就知道了。孩子们，快到妈妈的怀抱里。"鸡妈妈刚说完，十多个孩子就听话地钻到她的翅膀底下躲了起来。这样一来，一张床铺还显得很宽松呢！

"祝你们晚安！"熊大婶的心情轻松了一些，又向2号房间走去。透过玻璃窗，熊大婶看见马先生闭着眼睛静静地站在房间中央。

"马先生，你在想心事吗？"熊大婶开玩笑地说。

"我在睡觉呢！"马先生睁开眼睛说道。

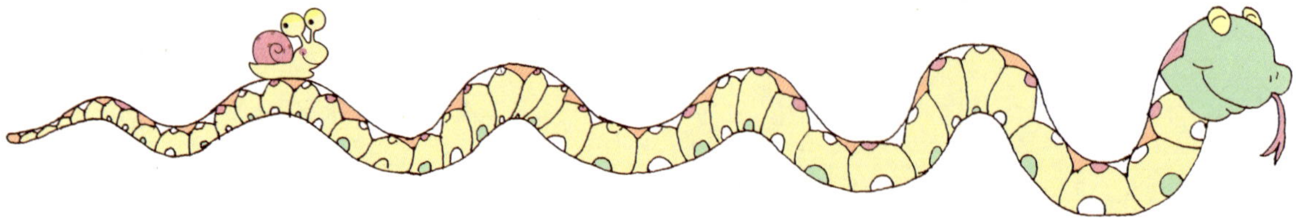

“啊？”熊大婶吃惊地问，“你怎么不躺在床上睡呢？”

“哦！”马先生解释说，“我们马从来都是站着睡的。”

“原来是这样啊！”熊大婶的心情又轻松了一些。

蝙蝠小姐和蛇小姐合住3号客房。熊大婶敲了好一会儿门，都没有人来开门。她透过窗户一看，屋里竟然一个人都没有。

“这是怎么回事？”熊大婶刚刚放松的心又提到了嗓子眼儿。

“我在这里呢！”蛇小姐从床铺底下探出脑袋来。

熊大婶好奇地问：“你钻到床铺底下干什么呢？”

“我在床铺底下睡觉呢！我们蛇都比较喜欢住在隐蔽的地方。”

“对了，怎么没看到蝙蝠小姐啊？”

“呶，她在屋檐上呢！”

熊大婶抬头一看，只见蝙蝠小姐倒挂在屋檐上，不由得吃惊地叫起来：“这……这是怎么回事……”

蛇小姐安慰道：“熊大婶，你放心好了，蝙蝠们都是这样睡觉的。”

“没事就好，没事就好。”这一圈巡查下来，熊大婶不仅放心了，还想到不少改造旅馆的好点子。

宝宝，妈妈想对你说

宝宝，这个故事是不是很有趣呢？读了这个故事，妈妈都增长了很多知识呢，知道了不同的动物睡觉姿势是不一样的。其实，不光是睡觉，在吃穿住行上，每个人都会有不同的要求呢。所以，这个世界才会如此丰富多彩。

1分钟胎教课堂

准妈妈每天可以哼唱几首歌曲，需轻轻哼唱，不要放声高歌。最好选择一些抒情或节奏轻快的歌曲，也可以唱些“小宝宝，快睡觉”等类似摇篮曲的歌曲。在唱歌时，要心情舒畅，富有感情，如同宝宝就在面前。这时，胎宝宝也能感受到母亲的爱意，体会到幸福的甜蜜。

准爸爸来读

宝宝，你很快就要来到爸爸身边了，爸爸好激动呀，就像农民伯伯秋天要准备秋收一样，虽然很辛苦，但脸上洋溢的都是微笑。宝宝，和爸爸一起到下面这个小故事里看看吧！

心·中的秋天

课堂上，长颈鹿老师正翻开课本，给大家讲一篇关于秋天的文章，下面的小伙伴们听得如痴如醉，仿佛秋天真的来临一般。

“同学们，在你们的心中，秋天是什么样呢？”长颈鹿老师拍拍桌子，把大伙儿拉回现实。

“老师，我知道，”小松鼠第一个举手说：“秋天，麦子都熟了，农民伯伯笑弯了腰。”

“才不是呢！秋天来了，树上所有的叶子都会变得枯黄。”小猴子说。

“你们说的都不对，”狐狸舔了舔舌头，说：“秋天来了，葡萄架上的葡萄都熟了，可好吃啦！”

三个人为了证明自己是对的，都在等待着秋天的到来，一天、两天、三天……许多天过去了，秋天终于来了。

秋天来了，许多树叶都变得枯黄，枫叶变得红彤彤的，麦子变得金灿灿的，葡萄架上的葡萄让人看得想流口水……

“同学们，你们说的都是对的。”在三个人争论的时候，长颈鹿老师悄悄地走了过来，“其实每个人心中的秋天都是不一样的，所以答案也不会相同噢！”

“老师，在你的心中，秋天是什么样呢？”同学们异口同声地问。

长颈鹿老师答道：“秋天，真的是太美啦！它在我的心中，就像一幅美丽的画。”

其实在每个人的心中，都住着一个与众不同的秋天，那么小朋友们，在你们的心中，秋天是什么样子呢？

宝宝，妈妈想对你说

秋天在每个人眼里都是不同的，小猴子看到的是落叶，狐狸想到的是葡萄，长颈鹿老师说是一幅美丽的画。不知道宝宝眼里的秋天是什么样子的呢？妈妈好想知道呀。

1分钟胎教课堂

准妈妈多吃鱼，可以让胎宝宝更聪明。鱼肉中不仅含有丰富的蛋白质，还有人体必需的多种维生素、矿物质等。而且，鱼肉中的脂肪含量少，但质量高，鱼油多为不饱和脂肪酸，不仅能预防心脏病，还有利于胎宝宝神经系统的发育。

准妈妈来读

嗨，妈妈的宝贝，妈妈好爱你哦！你也爱妈妈，对吗？如果你也爱妈妈，就不要那么用力地翻筋斗了哦！妈妈的肚皮都快被你撑破啦！来，宝贝儿，歇一歇，听妈妈给你讲个小蜗牛的故事吧！

1 分钟胎教课堂

准妈妈应少用化妆品，如口红、眉笔、染发剂、指甲油、香水等，都应暂停使用。这些化妆品中都含有一定的香精、颜料等，对胎宝宝的健康发育会产生不利影响。

小蜗牛的梦

小蜗牛有个梦想，他想爬上那栋最高的大楼，在楼顶上看一看月亮，还有月光下的城市，那一定很美很美。可是，大楼那么高，一只小小的蜗牛想要爬到楼顶，简直太困难啦。

“天哪，小蜗牛，我劝你还是放弃吧。”小蚯蚓试图打消小蜗牛的念头。一只蜗牛还想爬到最高的楼顶，这是他听过的最可笑的梦想。

可是小蜗牛并没有放弃，他一直在默默地锻炼身体，积攒力气，总有一天，他会去实现自己的梦想。

春天来了，在那幢大楼的墙壁上，爬山虎长出了第一片绿叶。这个春天，它要爬满整个墙面。忽然，它的绿叶被谁碰了一下，低头一看，哟，是一只小蜗牛。小蜗牛正伸长了身子努力向上爬着。

爬山虎说：“嘿，小蜗牛，你要爬墙吗？我们一起爬吧！”

“好呀！”小蜗牛不好意思地说，“不过，我爬起来是很慢的。”

小燕子知道了小蜗牛的梦想，飞到小蜗牛身边给他鼓劲，说：“小蜗牛，加油呀，我在上面等你。”

也不知道爬了多少天，疲倦的小蜗牛藏在爬山虎的叶子底下，一边休息，一边吃着东西。他抬头望了望楼顶，越来越近了。

“我还要继续往上爬，很快就要到楼顶了！”小蜗牛扭了扭触角，再次努力地向前爬去。

天渐渐黑了，一轮又大又圆的明月升上了天空，月光温柔地洒在小蜗牛身上。

“啊，爬山虎！”小蜗牛差点蹦起来，“我真的爬上来了？！”

爬山虎笑眯眯地点了点头。小燕子也飞了过来，笑着说：“小蜗牛，你真棒！”

小蜗牛激动地说：“谢谢你们，谢谢你们给了我勇气，帮我实现了梦想！”

这个晚上，小蜗牛睡得特别香甜。在梦里，他变成了一只会飞的小蜗牛。

准爸爸、准妈妈都可读

宝宝，你猜猜妈妈在干什么？哈，妈妈正在为你织一双毛线小鞋子，你穿上它一定非常漂亮！你瞧，小鞋子上还有漂亮的鞋带呢！好，妈妈要休息一下，给我可爱的宝宝读个中国的神话传说故事。来，我们开始吧！

盘古开天辟地

太古时代，天地没有分开，宇宙就像一个大鸡蛋，里面漆黑一片，没有日月星云，没有江河湖海，没有人，没有动物，也没有植物，除了清气和浊气之外，里面什么都没有。但正是这清气和浊气孕育了人类的英雄——盘古。

清气和浊气足足孕育了十万八千年，终于使盘古拥有了生命。一天，盘古睁开了双眼，看到眼前漆黑一片，感觉很不舒服，他想站起来，可是上面的“蛋壳”把他压得死死的。盘古很生气，拿起身边的大斧头，用力一挥。只听得一声巨响，“大鸡蛋”被劈成了两半。其中轻而清的气体不断地上升，最后变成了天空，而重而浊的气体不断地往下沉，最后变成了大地。

天地分开后，盘古非常高兴。但他又怕天地会重新合在一起，就头顶着蓝天，脚踏着大地，不停地变高。说来也奇怪，他每增高一丈，天就随之升高一丈，地也随之增厚一丈。

这样又足足过了一万八千年，天地之间的距离足足增加了十万八千里，而盘古的身子也足足长了十万八千里。他变成了一个顶天立地的大英雄。

盘古这样撑着天和地，又足足过了一万八千年，直到天地不能再重合了，盘古才松了一口气。他太累了，巨大的身子重重地摔倒在地上。

天地虽然分开了，但这么宽广的天地间，除了清气和浊气，什么都没有，实在是太单调了。盘古静静地躺在地上，

1分钟胎教课堂

准妈妈在怀孕后，汗液和皮脂会增多。如果遇到夏天，出汗会更多，所以最好每天都能洗个澡，不仅能保持清洁、美丽，还能令身心舒畅。洗澡时，水温最好控制在40℃左右，时间在5~6分钟为宜。

他决定用自己的身体幻化成世间万物，使天地变得多姿多彩。

他把自己的左眼变成金灿灿的太阳，将天地照亮，给大地带来了温暖。

他把自己的右眼变成太阳落山后冉冉升起的月亮，把皎洁的月光洒向天地万物。

他把自己的头和身子起伏的部位，变成高山和起伏不平、延绵不断的山丘。

他把自己的四肢变成支撑天地的四极，像大柱子那样耸立在东南西北四个方向。

他把自己的胡须和头发变成天上闪闪发亮的小星星。

他把自己的牙齿和骨头变成金银铜铁、玉石玛瑙。

他把自己的血液变成大江、河流、海洋和湖泊。

他把自己的皮毛变成花朵、小草和大树。

宝宝，妈妈想对你说

这是中国非常著名的神话传说，用故事的形式告诉我们天地是怎么来的，太阳、月亮是怎么来的，我们生活的自然环境是怎么来的。这虽然不是真的，但我们今天美好的生活，离不开祖先一辈辈人的努力，这永远值得我们牢记在心。

他把自己的筋脉变成纵横交错的道路。

他把自己的肌肉变成肥沃的田地。

他把自己的汗水变成雨水和露水，用来滋润大地。

他把自己的声音化为轰隆作响的雷声。

他把自己的呼吸变成流动的风。

他把自己的口气变成了天上飘浮的白云。

做完这些事后，盘古就消失在天地间化身为这个丰富多彩的世界了。

准爸爸、准妈妈都可读

乖宝宝，你好呀！爸爸今天休息，在家陪妈妈和宝宝。爸爸说，他要和妈妈一起给宝宝读个故事听，宝宝是不是很开心呀？嘿，妈妈都看到你在微笑了！好啦，宝宝，乖乖的，爸爸和妈妈要开始讲了哦！

妈妈，我从哪儿来

小女孩眉豆刚搬到糖果街100号，她和新伙伴们玩得非常高兴。

“我是从蛋壳里孵出来的，你们是从哪儿来的呢？”鸡宝宝咯咯叫着问。

“我是从种子里发出来的！”向日葵举起了绿色的大手。

“我是从卵里钻出来的！”青蛙一跳一跳地回答。

“我……我……我是从山那边搬过来的……”眉豆小声地回答。

“不对，不对！我是问你怎么来到这个世界的。”鸡宝宝拍打着翅膀说，大家都说眉豆回答错了。眉豆只好回家问妈妈。

妈妈一听眉豆的问题就笑了。她“嘭嘭嘭”拍拍戴着围裙的肚皮，说眉豆是从肚子里出来的。

天哪，这怎么可能？肚子那么小，我这么大！眉豆不相信地吐了吐舌头。

妈妈搬了一个小板凳，让眉豆乖乖坐好。她要讲一个有关眉豆出生的故事了。

很久很久以前，那个时候还没有眉豆。她可能是一个会隐身的小精灵，也可能是一个会上天的小超人，更有可能是一朵会变化的小云朵。总之，不知道她藏在哪儿。

爸爸和妈妈组成家庭后，他很爱妈妈，可家里仍缺点儿什么。对了，缺一个听话又可爱的小孩子！

爸爸和妈妈商量后决定要生一个这样的小孩，欢迎她来到这个家。

1分钟胎教课堂

为了让自己生产时更加容易，准妈妈平时可做一下骨盆运动。具体方法是：平卧在床上，屈膝，抬起臀部，尽量将臀部抬高，然后慢慢下落。这个运动可以加强准妈妈骨盆关节和腰部肌肉的柔软性。

需要注意的是，准妈妈最好在医生的指导下做运动。做之前，要让身体处于最松弛的状态，不宜餐后立即开始。动作要温和轻柔，而且要控制运动量、频率、动作幅度等，不宜太大。

“我们的孩子一定要健康！”爸爸说。“我要把一粒小种子，放在妈妈的肚子里。因为妈妈肚子里是最安全，最保险的，风吹不着，雨刮不着，还不会被坏狐狸偷去。”

眉豆听得眉开眼笑地说：“鸡妈妈说过，她把蛋生在窝里，被坏狐狸偷走了好几个。我妈妈的肚子最保险啦！”

爸爸的小种子可不一般，它有一个名字叫小精子，像蝌蚪一样可爱，长了一个长长的尾巴，它游泳最快、跑步最快，它要处处赢得第一名。妈妈准备了一个美丽的圆球作为对小精子的奖励，圆球有一个名字叫卵子。游得最快的小精子像个得胜的将军钻进卵子的圆球，并舒舒服服地住了下来。住在卵子里的小精子再也不用游泳了，它的尾巴就慢慢消失，变成了受精卵。

哎呀呀，哎呀呀，这颗受精卵太珍贵了，它将长成健康又漂亮的小孩。所以还得往更安全的地方放一放。

眉豆皱着眉：“受精卵不是已经在妈妈的肚子里了嘛，怎么还不安全呢？”

妈妈说：“那当然了，它圆圆的会滚动，万一妈妈摔跤了，它就会掉出来的。”妈妈指了指肚脐下方，说：“妈妈的肚子里有一个安静的宫殿叫子宫，后来受精卵就藏到了子宫里。那里有厚厚的保护层作为城墙，还有温暖的水作为护城河。受精卵躺在子宫柔软的小床上像个国王，别提多美了！”

躲在子宫里的受精卵开始慢慢地长大，长出了脑袋、胳膊、腿，渐渐变成了一个小孩——就是未来的小眉豆呀！

三个月过去了，妈妈的肚子鼓得像个锅。五个月过去了，妈妈的肚子赛足球。六个月过去了，妈妈的肚子像塞了一个大枕头。八个月过去了，妈妈变得比大象还笨，走路呼呼大喘气。一定要坚持，加油，妈妈！妈妈真伟大，她肚子大得站着看不着脚丫了。十个月过去了，妈妈勇敢地去了医院，医生从妈妈肚子里取出了小孩，宝宝哇地大哭起来，“阳光太刺眼了，还有，谁打扰我睡觉了？”

刚出生的眉豆真能哭，声音又大又亮。听到这儿，眉豆嘻嘻地笑了笑，原来我是这么来的啊！爸爸、妈妈辛苦了！

准妈妈来读

妈妈的小可爱，你瞧，这是妈妈今天给你买的一顶红色的小帽子，多漂亮呀！哇，不知道宝宝的这顶小帽子是不是小白兔捡到的那顶小红帽呢？快来，听妈妈给你讲讲是怎么回事吧！

这是谁的小红帽

一天，小白兔到森林里去玩儿，边走边哼着歌，可高兴了！咦，前面草地上红红的是什么东西？小白兔跑过去一看，原来是一顶漂亮的红色小帽子。小白兔想："这顶红帽子可真好看呀！如果拿回去送给妈妈，妈妈一定喜欢。"

可是，小白兔又想起了妈妈的话："好宝宝捡到东西，一定要交给失主。"小兔子想："我一定要做个好宝宝。"

于是，小兔子就坐在小红帽的旁边，等待失主来领。可是，等呀等呀，始终不见失主的身影。小兔子都饿了，很想去找点东西吃，"可万一小红帽的主人找来了怎么办？"小白兔对自己说，"还是再等等吧，说不定再等一会儿，失主就来了呢！"

终于，一个小姑娘向小白兔走来，边走还边朝脚下看，好像在找什么东西似的。小姑娘看到小红帽，连忙跑了过来。小白兔赶紧把小红帽递给小姑娘，小姑娘开心地笑了，她真诚地向小白兔表示感谢。

小白兔等到了小红帽的主人，又开开心心地去玩儿了。

宝宝，妈妈想对你说

好可爱的小白兔呀！宝宝，如果你是那只小白兔，你会怎么做呢？妈妈希望宝宝也能像小白兔一样，不管捡到什么东西，都一定要交给失主，这才是懂事的好宝宝哦！

1分钟胎教课堂

剪纸也是一种胎教。准妈妈可以先勾画出轮廓，再仔细剪。比如，剪个"双喜临门""胖娃娃"等，或者剪个胎宝宝的属相，如兔、狗、老虎等。不要怕麻烦，也不要怕不会剪，问题不在于剪得好与坏，而在于你在进行艺术胎教，在向胎宝宝传递你深深的爱意，传递美的信息。

准妈妈来读

宝宝，你现在是不是像个小鱼一样，正在水里游来游去呢？不过，妈妈现在要给你讲的，却是花蝴蝶的故事，你没听过吧？那就快来仔细地听妈妈给你讲吧！

花蝴蝶找朋友

宝宝，妈妈想对你说

花丛中，花蝴蝶把自己当成一朵美丽的鲜花了，你看，她展开了找朋友大行动，但是，小雏菊、玫瑰花都拒绝她了，还好，故事的最后，花蝴蝶终于找到了朋友——绿油油又清香的薄荷。

有一只美丽的花蝴蝶，她身上的花纹五颜六色，远远地看上去，还以为是一朵盛开的花儿呢。花蝴蝶心想："也许我真的是一朵美丽的花，我应该有一个和我一样美丽的花朋友。"

于是，花蝴蝶开始在花丛中寻找好朋友。她先找到了小雏菊，小雏菊有着银子一样的花瓣，金子一般的心。"优雅的小雏菊，你愿意做我的朋友吗？"花蝴蝶问道。

小雏菊说："美丽的花蝴蝶，你总是飞来飞去的，我更希望自己的朋友可以天天和我待在一起，就像我身边的蒲公英一样，我不能做你的朋友。"

花蝴蝶只好寻找其他的花儿去了。这次，花蝴蝶来到了玫瑰花的身边，她问："热情的玫瑰花，你愿意做我的朋友吗？"

玫瑰花是花朵里最骄傲的，因为总是有许多动物愿意为她停留。她傲慢地对花蝴蝶说："你虽然五颜六色的很好看，但我更喜欢和会唱歌的百灵鸟做朋友。"

花蝴蝶很难过，她又一次被花儿拒绝了。就在这时，花蝴蝶闻到了一阵清香，顿时觉得很清爽，"也许，我可以和这位散发香味的花儿成为好朋友"。花蝴蝶一边想着一边来到了薄荷的身边。

薄荷全身上下绿油油的，没有鲜艳的花儿，又好像全身都是绿色的花儿。花蝴蝶问："清香的薄荷，你愿意做我的朋友吗？"

薄荷开心地回答："好啊，能和你这么美丽的动物做朋友，我觉得很荣幸。"

从此以后，花蝴蝶和薄荷成了好朋友，她们互相欣赏，每天都过得很开心。

准爸准妈都可读

在湖边，迷路的小鸭子发现了一只像妈妈一样的船，划着船，就像在妈妈的背上一样。可是小鸭子却没有划着船去找妈妈。听妈妈讲一讲吧，你就知道答案了。

宝宝，妈妈想对你说

宝宝，小鸭子是不是很懂事啊，当他知道湖边的小船对森林里的朋友很重要时，便放弃了自己的想法，一心只为朋友们着想，他多可爱呀，所以大家才会帮助他。

划不走的船

森林的西边，有一个很美丽的小湖，小湖的东边，有一条很可爱的小船。

船的样子像大大的、弯弯的香蕉，颜色也像香蕉一样黄，船的两旁，还有两只小船桨。

看到小船，小鸭子开心极了，撒开脚丫就往前跑。

“小鸭子，你刚来森林吗？”一棵玉米抚摸着长长的头发说，“大家都知道，那条船是划不走的啊！”

“啊？世界上怎么会有划不走的船呢？”小鸭子觉得很奇怪。

她才不管玉米说什么，跑到船上，抓着桨就划。

“哎哟！是谁在打我？”小鸭子被一根鞭子打了好几下。

“是我！”船上方的柳树挥舞着鞭子一样的枝条回答。

原来啊，这条船是柳树们的信箱，有了这个大大的信箱，远方朋友们托风儿捎给树叶的信就有地方放了，不会被吹得到处都是，也不会被吹到湖里被水泡坏了。

“我就划一划，划完就停回来，可以吗？”小鸭子问。

“不行！要是你划走的那一会儿，刚好有信来，可怎么办呢？”

小鸭子只好停住了，因为每一封来信都很重要啊。

秋天到了，柳树收到了好多树叶信，都快把船儿给堆满了，同时，他们也把一身写了好久的信全都托风儿捎走了。

“现在，柳树已经没有信了，我应该可以划一划小船了吧？”这么想着，小鸭子又开始划船了。

“哎呀！谁吐的泡泡？”小鸭子被一串泡泡弄花了眼。

“是我！”船下面的鲤鱼瞪着大眼睛，吐着泡泡回答。

原来啊，这条船是鱼儿们的路标，有了这个大大的路标，小鱼儿们回家时就不会迷路了，要么家在船左边的第三个小洞

里，要么在船右边的第四朵荷花下，都很容易记住。

“我就划一划，划完就停回来，可以吗？”小鸭子问。

“不行！要是你划走的那一会儿，刚好有孩子回来，那可怎么办呢？”

小鸭子只好停住了，因为每一个孩子都很重要啊。

夜晚到了，小鱼儿们都回家了，每一个家庭都传出爸爸、妈妈和孩子的笑声，就连湖面都笑出了一条条波纹。

“现在，小鱼儿已经回家了，我应该可以划一划小船了吧？”这么想着，小鸭子又开始划船了。

“哎呀！谁在拖着船？”船儿被一只大手拖住了。

“是我！”夜空中的月亮伸着钩子一样的手回答。

原来啊，这条船是星星们的跳板，有了这个跳板，星星们在游泳之前，月亮就可以让他们先在跳板上集合，然后教他们伸伸手、弯弯腰，做做游泳前的热身操。

“我就划一划，划完就停回来，可以吗？”小鸭子问。

“不行！你没看到天上有那么多星星都在等着游泳吗？”

小鸭子只好停住了，因为每一颗星星都很重要啊。

玉米问：“小鸭子，为什么你那么想要划船呢？”

“因为，我离开家迷路了，再也找不到妈妈了。”小鸭子的眼泪滴答滴答地一直掉着，“这只黄黄的船，就像妈妈一样，两只船桨，也像妈妈的脚一样。要是我能划船，就好像妈妈背着我到处玩一样了。”

“原来是这样啊！小鸭子不要难过，你这么善良，老是为别人着想，我们也一定会帮助你的。”

柳树在托风儿捎信了，鱼儿在托波浪捎信了，月亮拨开云朵，星星们的眼睛眨啊眨，也在帮小鸭子找妈妈了。

在大家的帮助下，善良的小鸭子终于找到了家。她还常常会想起那条划不走的船。

1分钟胎教课堂

准妈妈的很多行为习惯都会影响到胎宝宝。胎宝宝在出生后几个月内，与妈妈在某些方面都有着共同的节律。有些准妈妈本身生活无规律，那么为了你的宝宝，从怀孕起就应该养成良好的生活习惯。因为只有这样，才能让胎宝宝在妈妈肚子里就养成良好的习惯。

准妈妈来读

嗨，亲爱的宝贝，听故事的时间又到了。今天，妈妈要给你讲一个小池塘的故事。啊，是什么样的有趣故事呢？来，让妈妈讲给你听听吧！

绿色的小池塘

这是一个很小很小的小池塘，默默地躲在一片茂密的枫树林里，连住得最近的农民叔叔都没有发现他的存在。因此，这里成了附近小动物们的游乐场，整天飘荡着欢快的歌声。尤其是夏天的傍晚，小动物们最爱到小池塘边乘凉了。

会游泳的话，还可以下水洗个痛快的凉水澡。但条件是，给小池塘讲一个发生在外面世界的故事。

每天，小池塘都能听到许多故事，各种各样、多姿多彩的。

渐渐地，小池塘对树林外的世界生出了向往，他渴望着走出这片树林，去看看外面的世界，去亲身经历一下那些奇妙的事。

“七星瓢虫，你最见多识广，你能告诉我怎么才能离开树林吗？”小池塘咕嘟嘟冒着泡，问停在浮萍上纳凉的七星瓢虫。

七星瓢虫扇着翅膀飞了起来，说：“对不起啊，小池塘，我也不知道怎么帮你离开树林。”

“我知道，我知道，”多嘴的小田鼠第一个给出了建议，说：“树林外有一条小河，他就可以一直流出很远、很远，据说会流过无数的大山，一直到大海。你也可以像他一样。”

小螃蟹挥着大钳子爬上岸来，说：“这可不算好主意，小池塘没法像小河一样流动呀。”

白鹭怯怯地插了一句嘴说：“小池塘，你别走，好吗？我好喜欢你。”

“你走了，我们怎么办？” 水里的小草和鱼虾也七嘴八舌地嚷起来。

是啊，怎么办呢？小池塘苦恼起来，池塘中心荡起了层层的涟漪。

1 分钟 胎教课堂

在怀孕期间，准妈妈如果缺乏维生素 A，可能会导致胎宝宝畸形。但维生素 A 服用过多同样有危险。

猪肝中含有丰富的维生素 A，但准妈妈食用时可能难以掌握好摄入量，因此不提倡准妈妈多吃猪肝。建议准妈妈从胡萝卜、柑橘、西红柿等果蔬中摄取所需要的维生素 A。

来去匆匆的风儿送来了好消息，“变成一滴小水珠，跟我走吧，我送你搭上白云的便车，一起去旅行。”

果然，风儿卷起了一滴小池塘的水珠，送上了天空。小水珠融入了白云中，随着白云一起游遍了五湖四海，他俯瞰着大地上的一切，心中很满足。

“好想念小池塘的一切呀，我已经看遍了世界，是时候回家了。”

“让我来帮你吧。”白云伸了个懒腰，揉了揉胀胀的身子，正好身上的水太多了，想下一场雨呢，就让小水珠顺着雨水一起回到小池塘吧。

白云慢慢积聚着下雨的情绪，身子也渐渐变成了乌云的颜色，终于，一阵大雨哗啦啦地从天而降，落入了小池塘的怀抱。

“我回来啦！”小水珠快活地融入小池塘，他所见识到的一切美好景色和故事，小池塘都一一感受到了，因为小水珠本来就是他的一部分啊。

宝宝，妈妈想对你说

小池塘从没有离开过森林，他从朋友们那里知道外面的世界很美丽，便一心要去远游。在风的帮助下，小池塘变成了小水珠，看到了他从未见识过的风景。最后，小池塘又回到了森林，回到了朋友们身边。

准爸爸来读

哈喽，宝宝，爸爸来喽！爸爸好爱宝宝哟！每天都盼着宝宝快点出来，快点长大，爸爸好带着妈妈和宝宝一起去旅行，哇，多开心呀！嗯，又到了爸爸讲故事的时间了，今天爸爸给宝宝讲一个鸭蛋找朋友的故事吧，看看鸭蛋发生了什么事儿？

鸭蛋找朋友

鸭蛋正在睡觉的时候，风中吹过来一张纸。

纸上写着："我喜欢交朋友，我在不远的东方，我做的菜特别甜，我煮的汤特别香！"纸的最后画着一只很可爱的动物。

"我要去找他，要和他做好朋友。"鸭蛋心想。但是，他一动就会惊醒正在打瞌睡的妈妈，她肯定不会让他出去的，这可怎么办呢？

想啊想啊，鸭蛋突然想到了一个好办法，大声说："妈妈，刚才有人来找你哦。"

"是吗？一定是鹅姐姐。我出去一下，你们要乖乖地待在家里哦。"妈妈说着，离开了家。

鸭妈妈一离开，鸭蛋就赶紧朝外面滚了出去。

大家问："你要去哪里？妈妈不是让我们待在家里吗？"

"我要去找朋友！"鸭蛋自豪地说，然后一路朝东方滚去。

滚啊滚啊，他碰到了在路边跳舞的花儿。花儿问："鸭蛋，你要到哪里去啊？"

"我要去找朋友。"

"那你可以跟我做朋友啊？"

"不要，我要找的朋友有一个尖尖的嘴巴，你的嘴巴一点都不尖。"

告别了花儿，鸭蛋继续向前滚。

滚啊滚啊，他碰到了在路边唱歌的小河。小河问："鸭蛋，你要到哪里去啊？"

"我要去找朋友。"

"那你可以跟我做朋友啊？"

"不要，我要找的朋友有一条小小的尾巴，你的尾巴一点都不小。"

告别了小河，鸭蛋继续向前滚。

滚啊滚啊，他碰到了在天上玩耍的闪电。闪电问：“鸭蛋，你要到哪里去啊？”

“我要去找朋友。”

“那你可以跟我做朋友啊？”

“不要，我要找的朋友有四只毛茸茸的脚，你的脚上一点毛都没有。”

告别了闪电，鸭蛋继续向前滚。

滚啊滚啊，他终于找到了纸上画的那位朋友——老鼠。

老鼠高兴极了，说：“你来得太好了，我肚子饿了，正好把你吃掉！”

鸭蛋又害怕又生气，说：“你说谎！你不是说做的菜特别甜，煮的汤特别香的吗？为什么还要吃我？”

老鼠坏笑着说：“对啊，现在我就要把你做成特别甜的菜，煮成特别香的汤！”

就在这时，闪电突然出现了，一下子就把坏老鼠给打跑了。

闪电说：“鸭蛋，你还小，分不清好人和坏蛋，还是赶快回家吧。”

鸭蛋很难过，说：“我是很想回家，可是，我太累了，滚不动了。”

这时，小河说：“那你快到我身上来，我带你回家好了。”

鸭蛋还是很难过地说：“谢谢你的帮助，可是，我已经记不清家的方向了。”

这时，花儿说：“你就放心好了，你家的方向，我们都记得很清楚哦！”

鸭蛋感动极了，他问：“为什么你们要对我这么好呢？”

大家都说：“是你妈妈知道你离家出走了，请我们帮助你的啊！”

在大家的帮助下，鸭蛋回到了家。他终于知道了，妈妈才是他的第一个朋友，也是他这辈子最好的朋友！

宝宝，妈妈想对你说

小鸭蛋为了找朋友可真是辛苦啊，可最后小鸭蛋却找到了要吃掉他的“朋友”，多危险啊。还好，在大家的帮助下，他又顺利地回到了妈妈的身边。

1分钟胎教课堂

准妈妈要适当改善饮食增加营养，可增强体质，促进胎宝宝的健康发育。但也不宜营养过剩，否则可能会出现准妈妈血压偏高、胎宝宝过大（超过4000克，成为巨大儿）等现象，导致难产、分娩期延长、产后大出血等现象。

准爸爸、准妈妈都可读

乖宝宝，在妈妈肚子里翻筋斗啦！你瞧，太阳公公都下山了，我们该听故事了哦！来，让妈妈拍拍，快和妈妈一起读个有趣的小故事吧！

静待花开

大朵朵是一朵花，具体是什么花不太清楚，总之开得很艳丽。默默是一只松鼠，什么时候搬到那棵大松树上的不知道，总之尾巴又大又蓬非常漂亮。

在大朵朵还是小花骨朵的时候，默默就已经开始注意她了。终于有一天他鼓起勇气开口说了第一句话。

“你会开成一朵什么样的花呢？”默默问。

那个花骨朵似乎有点害羞，好半天才出声说：“我也不知道，我只知道我需要充足的阳光和雨露。”

之后的每一天，默默都会来问一问：“阳光充足吗？雨露充足吗？”

“很充足。”每次花骨朵都这样回答。

不知为什么，这个答案让默默有点小失望，他总想为这个花骨朵做点什么。后来他决定每天都来为花骨朵唱一首歌，说不定他的歌声能让花骨朵开出漂亮的花呢。花骨朵很喜欢默默的歌，总是像个亭亭少女一般随着他的歌声在风中轻轻晃动着身体。

在一个雨后的早晨，花骨朵开花了，那是一朵多么漂亮的花啊！默默依旧每天给大朵朵唱歌，大朵朵也依旧每日给默默跳舞。就这样快乐的日子一天天地过去了。当树上的叶子开始掉落的时候，默默突然发现大朵朵的花瓣开始枯萎了。

“你怎么了？”默默问。

“秋天到了，我就要离开你了。”大朵朵说。

默默没再继续问，他知道秋天到了，很多东西都会离开，燕子会飞走、树叶会落下……但是他不想让大朵朵离开。

默默找到大河狸，因为他听说大河狸有本事留下别人最宝贵的东西。大河狸一边听默默叙述他和大朵朵的故事，一边在本子上写着什么。

“你能帮我留住大朵朵吗？”默默恳求道。

“已经留住了。”大河狸把本子合上交给了默默。

默默打开一看，每一页画的都是他和大朵朵。他们一起唱歌，一起跳舞，一起聊天，一起打盹……默默的眼睛湿润了，他最后的希望也破灭了，他并不是想要一本画册。

大朵朵的花瓣一片片落在地上，默默的心情也越来越糟糕。

当大朵朵只剩下最后一片花瓣的时候，她用微弱的声音对默默说：“保存好我的种子，当春天来的时候……”

还没等她说完，一阵风吹落了那片花瓣，默默把花瓣夹在了大河狸送给他的画册里。他知道大朵朵想说什么，也知道自己该做什么。他会保存好大朵朵的种子，当春天来的时候，把种子种下去，然后静静地等着她发芽，等着她长大，等着她开花……

宝宝，妈妈想对你说

小松鼠默默等着大朵朵一天天长大，等来了像少女一样美丽的大朵朵。他们春天相伴，夏天一起玩耍，可秋天却带走了大朵朵，默默真的好伤心啊。还好，大朵朵将自己的种子留给了默默，也给了他无限的希望。

1 分钟胎教课堂

有些准妈妈即使生病了也拒绝用药，以为药物会对胎宝宝的健康有害。因此，尽管自己难受不已，也坚决不吃药。其实，有病不治反而会给自身和胎宝宝带来伤害。只要在医生的指导下正确用药，不仅能确保准妈妈和胎宝宝的安全，还能减少胎宝宝感染某些疾病的风险。

准妈妈来读

我的小可爱，今天天气真好，天空的星星不停地眨着眼睛，可亮了！好啦，妈妈给乖宝宝讲个故事听吧！

1分钟胎教课堂

胎教是件好事，但不建议准妈妈为了胎教太紧张，这不敢吃、那不敢做，或只全神贯注在胎教上，忽略了与朋友的交流。这样的胎教反而得不偿失。

猪妈妈的红薯

猪妈妈种的红薯成熟了，她和小猪在地里挖出来好多好多的红薯呀，多到家里都放不下了！于是猪妈妈让小猪把红薯分装在袋里，送给了南瓜村的村民们。村民们非常开心，猪妈妈种的红薯可好吃了，又糯又甜。

小花猫也收到了一袋红薯，可他是又开心又担心。开心的是，终于可以吃到猪妈妈种的甜甜的红薯了。担心的是，这么多红薯一下子吃不完，可怎么办呢？

小花猫愁眉苦脸，想啊想啊，终于想到了一个好办法，“我把红薯全部煮熟了，再晒干做成红薯干吧，这样就不怕吃不完的红薯变质了。”这真是个好主意，小花猫把红薯都煮熟了，切成一片一片的，放在大太阳底下晒着，散发着甜甜的香味，把村民们都吸引过来了。

大家尝了尝小花猫的红薯干，都觉得这个办法太棒了，一个个赶紧回家做红薯干去了。第二天整个南瓜村的地上都晒满了红薯干。

只有猪妈妈很发愁，她家的红薯太多，多到没有地方晒红薯了，怎么办？

“别担心，猪妈妈，等我们晒完了红薯干，都来帮你晒。”小花猫和村民们齐声说。

“太好了，谢谢你们！”猪妈妈开心地笑了。

大家都说：“谢谢你，猪妈妈，是你送给了我们红薯，大家才能吃上好吃的红薯干呢！”

宝宝，妈妈想对你说

这可真是一个特别快乐、友爱的南瓜村呀。猪妈妈大方地把自己的红薯送给村民们，村民们也非常积极地想办法帮助猪妈妈。生活在这样快乐的南瓜村，一定是一件非常幸福的事，对不对，宝贝？

准爸爸来读

宝宝，爸爸好期待你的到来呀！来，让爸爸亲一下，好乖的宝宝哦！好了，又该听爸爸讲故事啦！这是宝宝每天最快乐的时间，对不对呀？开始喽！

勇敢的穿山甲

森林里已经很久没有下雨了，大树、花朵和小草都被太阳晒得垂下了脑袋，一点儿生机也没有。小动物们都不敢出门觅食，害怕半路上因为缺水而晕倒。

有一只穿山甲非常勇敢，他看到小伙伴们口渴难耐，便决定独自去山里寻找水源。他努力地爬呀爬，在一个悬崖边看到了一棵绿油油的大白菜，他心想：“这棵大白菜长得这么好，说明附近一定有充足的水源。”

穿山甲刚把大白菜拔下来就露出一个圆圆的小洞，洞里正往外流出一股清清的泉水来。穿山甲赶紧张大了嘴，咕噜咕噜喝了几大口，泉水又清凉又甘甜，可把穿山甲乐坏了。

就在这时，一条大蟒蛇爬了过来，对穿山甲说：“这股泉水是我发现的，就是属于我的，谁也不能喝。”

穿山甲着急地回答：“可是，森林里的小伙伴们很久都没喝水了，大家都很渴，还有森林里的植物，再不喝水就会干枯的。”

大蟒蛇可真自私，他一点儿也不理会穿山甲说的话，吐着长长的舌头准备进攻穿山甲。穿山甲虽然很害怕，可还是努力地想办法。忽然，穿山甲看到自己身后的悬崖上长着一棵小松树。就在大蟒蛇向穿山甲跃起的瞬间，穿山甲往后一跳，正好跳在了小松树上，而大蟒蛇则跌下了悬崖。

穿山甲来不及休息，赶紧回到了森林里，告诉了伙伴们泉水的位置。这下，森林里的小动物们都陆陆续续地喝上了水。穿山甲还把涌出泉水的小洞挖得更大了，泉水不断地涌出来，渐渐形成了一条小河。森林里的植物们喝饱了水，又呈现出一副生机勃勃的样子。

1分钟
胎教课堂

有了胎教，生命将会少些宿命，多些惊喜：宝宝不见得出生时特别高大，但营养吸收力却很好；宝宝不见得脾气有多好，却懂得自我控制；宝宝不见得一学就会，却有一颗上进的心。

准妈妈来读

亲爱的宝贝，熊哥哥买了一本图画书，熊弟弟发现一只小甲虫跑到了书里，弟弟好担心书里的小甲虫被闷死……后来怎么样了呢？听妈妈讲给你听吧。

熊哥哥的图画书

熊哥哥和熊弟弟常常打闹吵架。

这天，熊妈妈在家里打扫卫生卖了旧报纸，把钱分给了他俩。

哥哥买了一本图画书，弟弟买了好多糖果。

哥哥要吃弟弟的糖果，弟弟捂着不让吃。

哥哥说："你也别看我的图画书！"

弟弟说："我要摸你的书就是小狗！"

其实，弟弟特别喜欢看图画书，瞧着哥哥坐在院子里翻书看，他眼馋得要命，又不好意思凑过去。

妈妈在屋里喊哥哥："别看书啦，去叫爸爸吃饭。"哥哥答应一声，把图画书放在小凳子上，跑出院子。

弟弟赶紧过去，打开小凳子上的图画书，慌慌张张地把书拿反了，打开的是最后一页。哈，原来这本书里的花朵还是单独印在纸上，黏在书里的，每一片花瓣都能折叠呢。

弟弟正用手指摆弄着纸花瓣，一只小甲虫飞到书页上，又钻进了花朵里。

弟弟刚要把小甲虫弄出来，院子外传来哥哥"噔噔噔"的脚步声，弟弟赶紧把书合上，躲到了一边。

哥哥拿起图画书，进屋吃饭。弟弟想告诉他，书里还夹着小甲虫呢。可是一说出来，就等于说自己翻了书，自己是小狗啦。

哥哥边吃饭边看书，弟弟担心热汤洒在书上烫着小甲虫，赶忙对妈妈说："您不管我哥哥啦？他吃饭还看书。"

哥哥被妈妈说了一句，放下书，低着头吃饭。弟弟一边往嘴里扒拉着米粒，一边偷瞧着图画书，想看见小甲虫爬出来。可是图画书紧紧地合着，小甲虫又怎么能钻出来呢？

吃完饭，弟弟跟着哥哥回到院子里。瞧见哥哥把书放在草地上，好像要坐下去，弟弟差点叫出声来——哥哥的大屁股会把小甲虫压死的！弟弟赶紧说："别坐，把书坐在屁股下的孩子是不

宝宝，妈妈想对你说

熊弟弟真是一个善良的孩子啊，当他看到小甲虫从图画书里钻出来，真是高兴极了。宝宝，妈妈希望你以后也做一个善良的人，善良的人才会有人爱。

会有出息的！”

哥哥笑着说：“嘿嘿，这么好的书，我才舍不得坐在屁股底下呢，我是想在草地上躺一会儿。”

弟弟瞧见哥哥在笑，也笑着说：“我也在这儿躺一会儿。”

弟弟侧身躺在草地上，瞅着放在哥哥身边的图画书，担心小甲虫会被闷死。瞅着瞅着，突然，他看见书页在微微地动，好像被什么东西撬动着。不一会儿，就瞧见小甲虫从书页里钻出来，转了转身子，飞走了。

弟弟既高兴又纳闷，书页合得这么紧，小甲虫是怎么钻出来呢？

书页又在动，哈，一只小蜗牛正慢慢地从里往外爬呢。弟弟明白了，是草地上的小蜗牛爬进了书里，小甲虫才能钻出来的。

弟弟高兴地对哥哥说：“你瞧，这个小蜗牛多可爱呀，它也喜欢看你的书。”

1分钟胎教课堂

胎教的目的不在于把孩子塑造成什么样子，而是提供生命更多可以自我运用的资源，同时也享受这段亲子互动的过程，为迎接新生命的到来做好准备。

准妈妈来读

嗨，小乖乖，爸爸的歌好听吗？瞧瞧，宝宝肯定是在抗议爸爸五音不全了吧！还是换妈妈来给宝宝讲个小故事吧。

雪花与梅花

冬天来了，一朵朵雪花从天上翩然而降，大地好像都被盖上了白色的纱裙。快瞧，多美呀！

咦，那里怎么有一团红色的“火”？哦,原来是一棵梅树，上面正开着娇艳的梅花，远远望去，就像是白雪中燃烧的火苗。火红的梅花和洁白的雪花交相辉映，构成了一幅美丽的图画。

这时，一片雪花轻轻地飘落在一朵火红色的梅花里。

“哎呀！你这难看的雪花，飘到我这里来干什么！”梅花傲慢地说，“你看看我，多勇敢，多美丽，生命力多顽强，能在寒冷的冬天开出这么美丽的花，直到春天都不会凋谢。你呢？你的生命只有几小时或几分钟，真没用！”

听了梅花的话，雪花并没有生气，而是谦虚地说：“是的，在这白雪皑皑的世界里，你的花开得好美呀！不过，我的生命虽然短暂，但我也有很多用处。比如，我落到田野里，覆盖着小苗，可以把害虫全都冻死。到了春天，我融化了，还能灌溉田野，让庄稼健康成长……”

“得了！得了！这点用途也敢和我相提并论？这算什么呀！”梅花提高了嗓门，大声呵斥着。接着，梅花又得意扬扬地说：“你看看，人们都是来欣赏我的，我多美呀！我有这么多种颜色，你呢？只有

1分钟胎教课堂

色彩对胎宝宝的成长发育也有一定的影响。准妈妈因为阴血聚以养胎，容易阴血虚，阳气胜，出现火气大、烦躁易怒等症状，所以要有意识地接触一些偏冷的色彩，如绿色、蓝色等，以调节情绪，保持淡泊宁静的心境，使腹内的胎宝宝也随之平和地健康成长。不宜多接触鲜红、黑、灰等色，以免产生烦躁、恐惧、悲伤等心理，进而影响胎宝宝的成长。

白色，寡淡无味！就这样，还想和我比？！”

雪花为自己争辩着说：“不，不是的，我一样能给大家带来快乐。你看，小朋友正拿我们打雪仗、堆雪人呢……我能给很多人带来快乐！”

“好了，别说了！我说你没用、难看，你就是没用、难看！”梅花开始变得蛮横无理起来。

这时，一直在旁边的大树爷爷说：“梅花，你不要看不起雪花。雪花说得对，他也能给别人带来快乐，他也有自己独特的美。其实，我们每个人都有自己的长处和短处，不是吗？”

听了大树爷爷的话，梅花不好意思地低下头，红着脸说：“雪花，对不起，我不应该这么说你。”

雪花笑着说：“没关系。以后，就让我们做好朋友吧！”

这时，越来越多的人走过来，有的打雪仗，有的堆雪人，有的观赏梅花，有的与梅花合影，每个人都很快乐。

宝宝，妈妈想对你说

宝宝，你知道这个小故事讲了一个什么道理吗？就是：尺有所短，寸有所长，每一种生命都有他们的优势和劣势。所以，宝宝长大以后，既要学会看到自己的不足，也要学会看到别人的长处。取长补短，才能让自己更优秀。

准妈妈来读

妈妈的小可爱，又顽皮了是不是？妈妈都看到你踢来踢去的小脚丫啦！好啦，乖一下，听妈妈给你讲个有趣的小故事吧！

两只小猪

两只小猪，猪哥哥是小白猪，猪弟弟是小花猪。他俩特别喜欢在泥里玩儿，追呀跑呀，疯个没完。

到了该回家的时候，你瞧瞧我，我瞧瞧你，哎呀，都变成了小黑猪。

兔妈妈和松鼠妈妈都嫌这两只小猪脏，不让自己的孩子和他俩玩儿。

连着下了好几天大雨，大水冲垮了小兔家的土坯房。雨停了，小兔家要盖新房子。

两只小猪跑来帮忙，“吭哧哧，吭哧哧”，和泥脱坯，干得真棒。兔妈妈不住地夸他俩说：“嘿，比兔爸爸还能干！”

1分钟胎教课堂

影响孩子发展有三个要素：基因、胎教和后天的环境。我们发现，许多有两个小孩的母亲，在比较老大和老二后都会发现：用心做过胎教的孩子，出生后不论在性情、健康、学习能力和语言发展上，都会较没有用心做胎教的孩子更优秀，而做过胎教的父母在引导教育孩子的过程中，也会更有耐心，更容易事半功倍。

大水退了，河滩成了烂泥塘。松鼠妈妈过河的时候，一不小心把手镯掉在了泥水里。

两只小猪又跑来帮忙，在河滩的泥水里找呀摸呀。手镯找到了，松鼠妈妈不住地夸他俩说："嘿，比大象伯伯还有本领！"

得到了夸奖，两只小猪特别高兴。小兔和小松鼠更高兴，因为，他们的妈妈已经让自己和两只小猪玩啦。

宝宝，妈妈想对你说

猪哥哥和猪弟弟爱玩泥巴，可大家不喜欢脏兮兮的兄弟俩。大雨过后，他们帮助松鼠妈妈找到了泥水中的手镯。能够帮助不喜欢自己的人，这样的猪兄弟多可爱呀。

准爸爸来读

哈喽，乖宝宝，爸爸又来啦！乖，让爸爸亲亲！爸爸好爱你哦！爸爸觉得，你长得一定很像爸爸，有黑亮的头发，有健康的身体，还有勤奋、热情的好品质，对不对？好吧，现在，就让又帅气又可爱的爸爸，给我们又乖又可爱的宝宝，讲个有趣的小故事吧！

星星灯笼

渡渡鸟最爱做的事，就是在天黑以后，躺在温暖的鸟巢里，望着漆黑的夜空中闪闪发亮的星星，一颗颗地数着：“一、二、三……”不过，他可从来也没有数清过，因为天上的星星实在太多啦。

“妈妈，天上究竟有多少颗星星呢？”渡渡鸟好奇地问妈妈。

妈妈微笑着说：“哦，我的宝贝，我可不知道天上有多少颗星星。估计连看管星星的月亮阿姨都搞不清楚，究竟有多少颗星星呢！”

“天呐，为什么会有那么多的星星呢？”渡渡鸟总有问不完的问题。

“一颗星星虽然很小，但许多星星在一起，就会发出明亮的星光了呀。你看，小星星们像不像一个个小小的灯笼，悬挂天空照亮大地呢！”

渡渡鸟开心地拍打着翅膀，说：“是的，是的，妈妈，小星星就像小灯笼一样！”

这时，渡渡鸟的爸爸飞回了鸟巢里，他亲昵地啄了啄渡渡鸟头顶的羽毛，温柔地问：“我的好奇宝贝，又在问妈妈什么问题了呢？”

“爸爸，妈妈说天上会有那么多的星星，是因为星星可以照亮夜空。”

“当然了，宝贝，正因为天上有明亮的月光和数不清的星光，爸爸才能在天黑的时候找到回家的路，给你带来最好吃的小虫子呀！”爸爸把小虫子喂进了渡渡鸟的嘴巴，看着他快活地吞吃着小虫子，爸爸呵呵地笑起来。

爸爸的回答让渡渡鸟满意极了，小星星太有用了，他得感谢他们，他一边吃着小虫子，一边这样想着。

那天晚上，渡渡鸟做了一个很美很美的梦，他梦见天上的小星星一颗一颗飞到了他的身边，变成了一盏又一盏的小灯笼，悬挂在树枝上，照亮了整个夜晚的森林，大家伴着星星灯笼快乐地跳舞、唱歌……

宝宝，妈妈想对你说

你会喜欢在夜晚看天上的小星星吗？我的乖宝贝。妈妈和爸爸都非常喜欢哦，等你出生了，咱们一起去看星星吧。还有许多和星星有关的精彩故事，等着讲给你听。

1分钟胎教课堂

胎教的每项内容都会令胎宝宝受益，不过，如果不能科学、适度地进行，胎宝宝不但不能受益，反而还会受害。有的准妈妈在对胎宝宝进行音乐胎教时，经常长时间地将耳机放在腹部，导致胎宝宝烦躁不安。即使准妈妈自己听音乐，也不能听太长的时间，如果连准妈妈本人都感到疲惫了，那胎宝宝的感觉怎么会好呢？因此，对胎宝宝进行胎教一定要适度。

准妈妈来读

宝宝，妈妈最近感觉你长得好快啊，小宝宝快快长大吧！好啦，听故事的时间又到啦，妈妈今天要给宝宝讲一个很有趣的故事哦！

小猴的礼物

小刺猬的家门口，来了几个小伙伴。

小猪挎着一个柳条篮，小兔背着一个小布兜，小猫捧着一束野花，只有小猴什么都没拿。他们一起来探望生病的小刺猬。

小刺猬看到小伙伴来了，因为发烧而泛红的脸上好像开了两朵红花，笑嘻嘻地招呼着大家。

小猪从篮子里拿出一大块蛋糕，小兔从布兜里倒出一小堆红枣，小猫把采来的野花插进桌上的花瓶里。小刺猬高兴地收下礼物，脸上笑得甜甜的。

空着手的小猴从衣兜里掏出一个小纸包，对小刺猬说："瞧，这是我给你的礼物。"小刺猬打开纸包一看，是十几颗西瓜子。

小猪笑着说："你的礼物还不够我一口吃的。"

小猴说："这可不是给你吃的，这是我爷爷挑选出来的西瓜子，用它种出的西瓜又大又甜。"

小猪说："对，我吃过你爷爷种的西瓜，可甜了！"

小猴接着又说："小刺猬，我知道你为什么总生病，因为你不喜欢运动，身体太弱，你需要加强锻炼才行。等你病好了，我教你种西瓜，等西瓜熟了，你的身体准能变得棒棒的！"

小刺猬的病好了，正是种西瓜的季节，小猴和他一起在小刺

宝宝，妈妈想对你说

小猴给小刺猬送了一份特殊的礼物，这份礼物让小刺猬变得更健康了。宝宝，妈妈也希望你以后多运动，多锻炼，让身体棒棒的。

1分钟胎教课堂

准爸爸和准妈妈每天定时给胎宝宝读故事听，可以让胎宝宝产生一种安全与温暖的感觉。而且，若能一直反复地读同一则故事给胎宝宝听，还能令胎宝宝的神经系统变得对语言更加敏锐。有研究认为，准妈妈是否有求知的欲望，会直接影响到胎宝宝。因此，准妈妈最好每天多读些书，并把书上的事情讲给胎宝宝听。

猬家后边的荒地上耕地、除草，开出来一块园地，种下了西瓜子。小刺猬天天去地里看看，还给种下的西瓜子浇水。没过几天，地里同时钻出了十几棵绿芽芽。小刺猬高兴地喊来了小猴，他俩朝着绿芽芽拍着巴掌。

绿芽越长越高，慢慢变成了满地爬的绿蔓。天也越来越热，很快进入了夏天。从春到夏，小刺猬一天都没闲着，一直在地里忙。小猴教他浇水、施肥、捉虫，眼看着满地的西瓜渐渐变大啦，成熟啦。

晒得黑黑的小刺猬也变得壮实了。

小刺猬请小伙伴来吃又大又甜的西瓜。

小猪哼哧哼哧地吃完西瓜，笑着问小刺猬：“你还给我们准备了什么礼物呀？”小刺猬笑着不说话。

小猴说：“小猪，你别捉弄小刺猬了。”

小兔咧嘴笑着说：“小猪是为小刺猬高兴呢。瞧，小刺猬的身体变得多壮实啦！”

小猫张开爪子，露出西瓜子，对小刺猬说：“谢谢你的礼物，明年我们也要种西瓜。”

小刺猬也给小猪和小兔一些西瓜子。大家开心地笑了，心想明年又有好多西瓜可以吃了。

准爸爸来读

哈喽，我最可爱的宝贝，你瞧，今天的夜色多好呀！一轮明月照在我们的窗前，快要到农历十五了吧，今天的月亮看起来很圆哦。一天又过去了，宝宝离与爸爸和妈妈见面又近了一天，真好！来吧，乖宝贝，该爸爸给你讲故事了。宝宝要认真听哦！

苹果变小鱼

河边有一棵苹果树，树上结满了苹果。

河水清澈，里面有许多小鱼。

苹果从树上看见了小鱼，十分羡慕。“我要是能变成小鱼，在水里游来游去，该多好啊！”苹果想。

河里的小鱼看见了树上的苹果，十分羡慕。“我要是能变成苹果，在树上安静地待上一会儿，看看外面的风景，该多好啊！”小鱼想。

有一天夜里，一颗流星划过，小鱼和苹果纷纷对着流星许下了自己的愿望。

“咻！”流星落到了地上，正好落在了小河旁的苹果树下。

这是一颗会魔法的流星，他听见了小鱼和苹果的愿望，于是就用魔法，将苹果变成了小鱼游在水里，将小鱼变成了苹果结在树上。

小鱼和苹果都欢呼起来，纷纷感谢流星。流星笑而不语。

变成苹果的小鱼时常会叫水里的苹果过来，因为他有很多不明白的事情要请教，如风的语言、鸟的歌声；变成小鱼的苹果也时常主动游过来，因为他也有许多问题要请教树上的小鱼，如游泳技巧什么的。

这么一来二去，他们就成了好朋友，于是就想在一起玩。

“能不能把我们都变成小鱼，或者都变成苹果？”小鱼和苹果一起问流星。

“不能，因为一条小鱼对应一个苹果，只能这么互换。”流星回答道。小鱼和苹果听了都很

失望。

流星想了许久，终于想出了一个办法。他把小鱼变成了虫子，让他住在树上的苹果里。

哈哈，这下好啦，大家终于能在一起玩了！

流星每天看着苹果和虫子快乐地玩耍，好羡慕呀！苹果和虫子都看出来了，说：“干脆你也变成一条虫子，和我们一起玩吧！”

流星轻轻地笑了，说道：“我现在只是一块普通的石头，已经没有任何法力了。”

有一天，一个男孩从树下经过。他看了一眼树上小鱼形状的苹果，立刻就明白了：这个苹果是小鱼变的。

小鱼为什么要变成苹果呢？这是不是一个坏巫婆干的呢？不行，必须解救他们！于是，男孩就将小鱼形状的苹果摘了下来，扔进水里，随手又捡起岸边的一颗石子，打了个水漂。

那颗石子，正是流星。

奇迹发生了。苹果和虫子全都变成了小鱼，石子也变成了小鱼。他们一起快活地游走了。

最后的那个魔法到底是怎么来的，谁也不知道。“也许那是个会魔法的男孩吧。”石头想。

“哇，我真的解救了中了魔法的小鱼啊！”男孩唱着歌，蹦蹦跳跳地走了。

宝宝，妈妈想对你说

河里的小鱼羡慕树上的苹果，而树上的苹果又希望像小鱼一样游来游去。看，在小精灵的帮助下，他们都实现了自己的愿望。宝宝，妈妈希望，也有小精灵帮助你，帮你实现自己的梦想。

1 分钟胎教课堂

到怀孕 7 个月时，准妈妈可以多做一些简单的运动，每天给胎宝宝讲故事等。准爸爸应多陪准妈妈散步、听音乐、看看书画展等，或者进行一些轻松活泼的游戏，帮助准妈妈减轻压力，愉悦心情。

准妈妈来读

小宝宝，晚上好呀！今天有点儿阴天，星星、月亮一定是跟宝宝捉迷藏了！爸爸在洗衣服呢，你要乖乖听妈妈的话，妈妈现在给你讲个小故事听哦！

面包墙

哈利是一个农民，他不仅勤劳，而且还很聪明，能在最恰当的时候给田里的庄稼浇水、施肥，所以他总是能获得好的收成。几年以后，哈利就成了村子里最富有的农民，他的仓库里总是放满了粮食。

有一年，天气非常干旱，田里的庄稼都干枯了，村里的许多人家都没有粮食吃。于是，村民们就来到哈利的家里，请求哈利借给他们一些粮食。

宝宝，妈妈想对你说

天气干旱，庄稼颗粒无收，哈利便把自家的粮食拿来分给大家，又组织大家做成一堵面包墙。村民们有粮的出粮，有力的出力，齐心协力，终于感动得老天爷降雨了。

刚开始，哈利每天都给村民们分发粮食，他不断地从仓库里将粮食运出来，再将粮食一袋袋装好。可是，每天上门借粮的人越来越多，哈利和村民们从早到晚都得搬运粮食，可把大家累坏了。于是，哈利想出了一个好办法。

哈利召集了村里所有的女人，让女人们将仓库里的粮食都磨成了粉，再做成了一块又一块大面包，最后将面包块垒在一起，做成了一堵面包墙，这堵面包墙足足有九十九层。

从那以后，村民们到了做饭的时候，便从面包墙上掰下一块拿回家。树林里的小鸟也常常来面包墙下，啄点面包屑充饥。

1分钟胎教课堂

为了让胎宝宝更聪明、更健康，准妈妈平时可多吃些坚果，如开心果、南瓜子、葵花籽等。闲暇时，准妈妈还可以用吃剩下的葵花籽在纸上拼贴出一些小动物。看着自己动手创作出栩栩如生的图画，准妈妈一定会非常有成就感，胎宝宝也能从中感受到快乐。

当面包墙还剩下二十层的时候，天终于下雨了，村民们赶紧将粮食种子种到田里。当面包墙还剩下最后一层的时候，田里的庄稼都结满了粮食。当面包墙终于被吃完的时候，村民们正好收获了粮食，顺利地度过了饥荒。

村民们在收获粮食后的第一件事，就是把从哈利那里借走的粮食还给他，很快，哈利的仓库里又堆满了粮食。

准妈妈来读

小宝宝，是不是还想听音乐啊，休息一下吧，一会儿妈妈给你讲故事！今天妈妈要讲的故事可好玩了！

起床了，小树懒

如果森林要举行一场睡觉大赛，那冠军一定非小树懒莫属。他真是太能睡觉了，每天不是在睡觉，就是正在准备睡觉。这让森林学校的老师头疼坏了。

梅花鹿老师亲自去了小树懒的家，去的时候，小树懒还在睡觉呢。梅花鹿老师摇了摇小树懒的肩膀，说："起床了，小树懒，太阳都晒屁股啦！"

树懒咕噜一声，翻了个身，又睡着了！

梅花鹿老师无奈地叹了口气，给豪猪校长打了个电话。豪猪校长在学校召开了大会，向所有老师和学生征求建议，说："谁能想个办法，让小树懒别这么爱睡觉呢？"

"这不可能，让树懒不爱睡觉，就像让老鼠不爱磨牙一样难熬。"灰毛鼠一边儿磨牙一边儿嘀咕着。

"我们可以送他一个最响的闹钟。"花喜鹊提了个建议。

豪猪校长摆摆手说，"不行不行，小树懒家里已经有好几个闹钟了，根本没用。"

"我有一个好办法，"同样爱睡懒觉的考拉熊熊提了个建议，"小树懒最爱吃水果比萨了，只要一闻到水果比萨的味道，他准会醒。"

这倒是个好办法。豪猪校长让厨艺最棒的斑点狗做了一个最香的水果比萨送到了小树懒家，小树懒一闻到香味，果然醒了。

斑点狗告诉小树懒，只要每天按时起床，就能吃到美味的水果比萨。果然，从此以后，小树懒每天都能准点儿到学校报到了。

1分钟胎教课堂

如果准妈妈很用心地实行胎教，就会体悟到，在怀胎十个月里，胎教改变了自己长久以来的不良生活模式，像作息颠倒、饮食不均衡、情绪不稳定、缺少耐心……都获得了相当程度的改善，只因"为了小孩去做、去改变"的动力远远胜过"为了自己"。

宝宝，妈妈想对你说

为了让小树懒不再睡懒觉，小动物们各自贡献出自己的好主意。在大家的帮助下，爱睡懒觉的小树懒不再贪睡了。只要按时起床，他每天都能吃到香甜的水果比萨。

准爸爸、准妈妈一起读

亲爱的宝贝，爸爸放假啦，在家里陪妈妈和宝宝，宝宝是不是很开心呀？今天爸爸和妈妈一起给宝宝讲故事。宝宝喜欢听的话，就在妈妈的肚子里拍拍手吧！

棒棒糖树

春天，阿米种下一粒甜瓜种子。

“姐姐，把种子埋在土里干什么啊？”阿花问。

“这样到夏天，我们就有甜瓜吃啦！”阿米一边为种子浇水一边说。

“种下甜瓜种子就能结出甜瓜吗？”阿花问。

“那当然，种瓜得瓜，种豆得豆嘛！”阿米回答。

阿花不作声。过了一会儿，阿米看见阿花搬了一个小花盆，把一个什么东西埋了进去。

“阿花，你种了什么？”阿米问。

“这是个秘密，到时候你就知道啦！”阿花神秘地说。

阿米为甜瓜浇水的时候，阿花也为她的小花盆浇水。

阿米的甜瓜很快长出了肥嫩可爱的小芽，然后又变成了绿油油的小苗。阿花的小花盆里却没有动静。

“怎么还不发芽？”阿花急得团团转。

阿米的甜瓜秧都两尺长了，阿花的小花盆里还是没有动静。

“怎么还不发芽？”阿花急得快要哭出来了。

阿米敢肯定，阿花的种子不会发芽了。她趁阿花睡着的时候，悄悄扒开小花盆里的土，发现里面埋着一根棒棒糖。

阿米笑了，将棒棒糖拿出来，丢进去一粒种子。

1分钟
胎教课堂

到怀孕7个月时，胎宝宝有了听觉能力，身体可以感受到外界音乐的旋律，并能从音乐中体会到爱、愉快、美好等。因此，胎教音乐应有科学性、知识性和艺术性，不能抛开准妈妈和胎宝宝的生理、心理特点，从而创造一个寓教于乐的环境，达到胎教的目的。

过了几天，小花盆里长出了可爱的小芽，阿花开心极了，睡觉都笑出声来。

阿米的甜瓜苗一天天长大，阿花的小苗也一天天长大。阿花很认真地学着阿米给小苗浇水、施肥、拔草、松土。

阿米的甜瓜秧越长越长，盖了一地；阿花的小苗越长越高，还分出了好几个小杈。

“哈哈，没准我的小苗会长成一棵大树哦！”阿花高兴地说。从那以后，阿花就管她的小苗叫“小树”。

甜瓜终于开了花，结出了青色的小果子。阿花的小树也开出了许多白色的小花。

第一个甜瓜成熟的时候，阿米小心地将它摘下，分给了阿花一半。而此时，阿花的小树上只有几个米粒大的青果子。

“我的果子也会长大的，到时候我也会送给你！”阿花很有信心地说。可是阿米不忍心告诉她，那棵树上永远不会结出她想要的东西。

青果子慢慢地长大。有一天，阿花说：“怎么看着这么像辣椒呢？”

阿米假装吃惊地说：“难道你种的不是辣椒吗？”

“不是，这可是一棵棒棒糖树！”阿花脱口而出，然后又红了脸，说，“哎呀，忘了保密了。”

“嗯，也许棒棒糖小时候就是这样的吧！”阿米说。阿花很信服地点了点头。

一个星期天的早上，熟睡中的阿米被阿花摇醒了。阿花兴奋地说：“姐姐，快来看，我的棒棒糖全熟啦！”

阿花穿好衣服，跟着阿米来到院子里。小树上“结”满了棒棒糖，五彩缤纷的，在绿叶的衬托下，格外漂亮。

“哇，长得可真快，昨天还是青色的小果子呢！”阿米惊奇地说。

阿花将棒棒糖全部摘了下来，分给了阿米一半。

看着阿花自豪又开心的模样，阿米心里甜蜜极了。买这些棒棒糖花光了她所有的积蓄，又熬到半夜将它们一个个黏到小树上，可真不容易啊！

宝宝，妈妈想对你说

姐姐阿米种的甜瓜成熟了，妹妹阿花也期待着自己的棒棒糖大丰收。在姐姐的“安排”下，棒棒糖树也丰收了。姐妹情深太感人了。

孟母断织教子、黄香为父温席、岳飞精忠报国……

宝宝，

这一个个美德故事可是老祖先留给我们的宝贵财富噢，

妈妈现在读着都仍然感觉受益匪浅呢。

你有没有好好听妈妈讲？

希望这些故事能让你养成良好的品德，

点亮你心中的美德之灯，

为你指明方向。

PART 4

点亮美德的明灯，为你指明方向

宝贝儿，你知道吗？爸爸在等待你出生的这些天，作用也很大哟！他给妈妈烧美味的饭菜，还给你准备了漂亮的小床、小玩具……你长大了，一定要孝顺爸爸，就像妈妈下面要给你讲的小故事中的小仲由一样！

仲由背米的故事

仲由是孔子最得意的弟子之一，他从小就非常孝顺。

小时候，仲由家很穷，常常吃不饱饭，为了填饱肚子，仲由就跟着爸爸、妈妈去野地里挖野菜、摘野果。而且宁可自己饿肚子，也要先让爸爸、妈妈吃饱饭。后来，日子渐渐好了，可爸爸、妈妈却日渐衰老了，身体越来越差。听说大米非常有营养，也很好吃，特别适合老人，仲由就想买点大米来给爸爸、妈妈吃。

可是，想要买大米，得去五十多里外的陬邑才能买到呢！家里又没有马车、牛车，要去的话，只能走着去。为了让爸爸、妈妈吃上米饭，仲由不怕苦、不怕累，步行去了陬邑，买好米后再一步一步地把重重的米袋背回了家，一来一去，就是一百多里路。

爸爸、妈妈果然非常喜欢吃米饭，买回来的大米很快就吃完了。为了能让爸爸、妈妈经常吃上大米饭，每次等大米快吃完的时候，仲由就会步行去陬邑买米，一年四季从不间断。

即使后来仲由做了孔子的得意弟子，也仍然坚持给爸爸、妈妈买米背回家。

乡亲们纷纷被他的孝行感动，齐声夸赞他，并到处传扬着他的感人事迹。孔子也赞叹仲由是个大孝子。连楚国的国王也知道了仲由背米的事，非常敬佩他，还把他请到楚国，封他做了官，赏赐给他很多的米和上百辆的马车。

宝宝，妈妈想对你说

仲由可真是个孝顺的好孩子！为了让爸爸、妈妈吃到米，自己受苦受累也心甘情愿。宝宝，你长大以后，也要像小仲由一样，做个孝顺的好孩子哦！

1分钟 胎教课堂

胎宝宝对冷的刺激非常敏感，当准妈妈吃大量冷饮后，胎宝宝就会变得焦躁不安，从而导致胎动活跃，严重的还会引起子宫收缩，甚至早产。因此，为了胎宝宝的健康，准妈妈应尽量少吃或不吃冷饮。

准妈妈来读

小宝贝儿，你现在很开心对不对？妈妈感觉你正在妈妈的肚子里做游戏呢！好啦，宝贝儿，休息一下，听妈妈给你讲个大学问家孟子的故事吧。

孟母断织教子

孟子小时候是个非常聪明的宝宝，但又十分顽皮。妈妈把他送到学校后，他认真地学习，成绩很优秀。可不久，学习的新鲜劲儿过去后，他那贪玩儿的本性就又跑出来了。有时，孟子还会趁老师不注意，偷偷溜出学校去玩儿，回家后就对妈妈撒谎，说自己是出去寻找丢失的东西了。

有一天，孟子又偷偷从学校溜出来，还早早地跑回家。正在家里辛苦织布的妈妈见孟子又逃学回来了，就把他叫到跟前，然后抄起一把剪刀，把自己已经织成的布拦腰剪断了。

孟子非常惊讶，就问：“妈妈，你为什么把织好的布都剪断了？多可惜呀！”

妈妈回答说：“你现在学习的态度，就像我这样把织好的布全部剪断是一样的道理。你看看，这断了的布还有用吗？”

“没用了。”孟子小声地说。

“你不好好读书，半途而废，将来也会像这断了的布一样，成为没用的废物！”妈妈伤心地说。

孟子听了妈妈的话，幡然醒悟。从此以后，他再也不贪玩儿了，而是勤学苦读，最终成了一位伟大的思想家和教育家。

宝宝，妈妈想对你说

孟子的妈妈通过“断织”的行为，让孟子明白了学习要有始有终、不能半途而废的道理。宝宝，你听懂了吗？妈妈也要向孟子的妈妈学习，为将来能给你一个良好的学习和生活环境而努力，因为妈妈是那么爱你！

在怀孕的第 8 个月直至生产前，是对胎宝宝进行阅读胎教的最佳时机。医学研究发现，怀孕的第 7~8 个月时，胎宝宝的意识产生萌芽，此时，胎宝宝的脑神经已经发育到几乎与新生儿相当的水平。一旦捕捉到外界的信息，胎宝宝就会通过神经管将它们传达到身体的各个部位。此时，胎宝宝脑外层的脑皮质也很发达，因此可以确定，胎宝宝具有思考、感受和记忆事物的可能性。

准爸爸、准妈妈都可读

宝宝，你猜猜妈妈在干什么呢？哈，妈妈正在为你编织一顶毛线帽子，你戴上一定非常漂亮！你瞧，小帽子上还绣着漂亮的花呢！好，妈妈要休息一下，陪我可爱的宝宝一起读个有趣的故事听。来，我们开始吧！

蘑菇伞的等待

一场大雨过后，草丛里长出一个大蘑菇。

这个大蘑菇长得很大，幸运的是，他的身边还长着几棵高高的香蒿，还有好多紫色、蓝色、粉色和白色的喇叭花缠绕着它们。

一只小白兔蹦跳着过来，面对这种景色，她惊喜地喊叫起来：“哇哦，这真是太美啦！”

小白兔可舍不得把这个大蘑菇吃掉，她对大蘑菇说：“你长得这么大，真像一把伞，那你就叫‘蘑菇伞’吧！我想很快就会有许多美丽的故事在你身边发生的！”

小白兔说完就蹦蹦跳跳地走了。

那个大蘑菇听了小白兔的话后，甭提有多高兴了：“哈，会有许多美丽故事在我身边发生，太棒啦！这正是我的梦想，就让这些美丽的故事快点儿发生吧！”

蘑菇伞兴奋地期待着……

又下雨了，几只小蚂蚁还有小蜻蜓、小蜜蜂、小蝈蝈儿都来到蘑菇伞下躲雨。

“这把伞好大呀！”一只小蚂蚁惊喜地喊起来。

小蜜蜂也高兴地说：“以后我们可以用他来躲雨啦！”

宝宝，妈妈想对你说

小白兔可真有爱心呀，在她善意的预言后，蘑菇伞为小动物们遮风避雨，也为小蟋蟀提供了迷人的音乐会场景。当然，蘑菇伞也实现了自己的梦想，他想要经历不一样的人生故事。

1分钟胎教课堂

准妈妈在怀孕后，汗液和皮脂会增多。如果遇到夏天，出汗会更多，所以最好每天都能洗个澡，不仅能保持清洁、美丽，还能令身心舒畅。洗澡时，水温最好控制在40℃左右，洗澡时间在5~6分钟为宜。

外边的雨哗哗地下着，蘑菇伞下的小动物们有说有笑，真的好开心……

蘑菇伞也很开心。

天晴了，小动物们都离开了，蘑菇伞又开始期待新的美丽故事发生……

天黑了，月亮升起来了，一群萤火虫儿飞来了，在蘑菇伞的身边飞舞着。

一只小蟋蟀跳到蘑菇伞下，说：“这里真是太美了，我要举办一场钢琴独奏晚会！”

小蟋蟀开始弹奏起了清脆悠扬的琴声……

小田鼠来了，小刺猬来了，他们刚找到几颗小野果。

小田鼠和小刺猬坐在蘑菇伞下，一边吃着香甜的野果，一边听着小蟋蟀的琴声，开心极啦！

蘑菇伞呢？他也高兴极了，幸福极了！

夜深了，小蟋蟀的琴声停了，小田鼠和小刺猬也趴在蘑菇伞下睡着了……

蘑菇伞还没有睡，他还在兴奋地期待着下一个美丽故事的发生……

准爸爸来读

亲爱的宝贝儿，再过一些天你就要从妈妈身体里出来了，爸爸盼望这一天已经很长时间啦！你也一定很想和爸爸见面，对不对？爸爸知道，宝宝也很爱爸爸的。好吧，爸爸今天就讲一个有关宝宝爱爸爸的小故事给你听吧！

黄香温席的故事

从前，有一个名叫黄香的男孩子。在他9岁时，妈妈就去世了，这让黄香非常难过，于是就把对妈妈的思念都集中在体贴、孝敬爸爸和料理家务上。

这一年冬天，天气非常寒冷。晚上，黄香在家中读书，冻得手冰凉冰凉的。于是他就想：“这么冷的天气，爸爸也一定很冷。老人家白天干了一天活儿，晚上冷得不能睡觉，时间长了，身体肯定会生病的！”

想到这里，小黄香就合上书，悄悄走进爸爸的房间，把被褥铺好，然后脱掉衣服，钻进冰冷的被窝里，用自己的体温温暖了被窝后，才招呼爸爸睡下。

黄香替爸爸温席的事情很快就在村里传开了，大家都夸赞黄香孝顺，知道疼人。

黄香不仅冬天给爸爸暖被，夏天也有孝敬爸爸的好方法。天气炎热，蚊蝇很多。为了让白天劳作的爸爸早点休息，黄香就拿着一把大蒲扇，为爸爸扇风和驱赶蚊蝇。

黄香长大后，人们说，能孝敬父母的人，也一定懂得爱护百姓。正是这样，黄香后来做了大官，也为当地老百姓做了很多好事。他孝敬父母的故事，就这样千古流传下来了。

宝宝，妈妈想对你说

爸爸、妈妈为宝宝的成长付出了很多艰辛的劳动，妈妈希望宝宝长大了，也能像小黄香一样，孝顺父母，这是宝宝报答爸爸、妈妈最好的礼物。宝宝，你愿意做个像小黄香一样懂事的宝宝吗？

1分钟胎教课堂

到怀孕8个月时，准妈妈已经能够分辨出胎宝宝的头和背了。胎宝宝如果“发脾气”或者“撒娇”，身体会来回扭动，准妈妈可以用爱抚的动作来安慰他。而胎宝宝过一会儿也会以轻轻地蠕动来感谢准妈妈的关心。

准爸爸来读

宝宝，晚上好呀！爸爸正陪妈妈和你在窗前看月亮，你瞧，天上那弯弯的月亮正在向你微笑呢！啊，院子里还有很多美丽的萤火虫，一闪一闪的，好漂亮呀！来，宝宝，让爸爸给你读一个有趣的小故事吧，故事里还有美丽的萤火虫呢！

车胤囊萤夜读

古时候有个名叫车胤的人，小时候很爱学习，勤奋刻苦。白天，他要帮大人们在田里干活；晚上回到家中，他就认真读书。可是，由于家境贫寒，他常常没有钱买灯油，所以，晚上经常不能读书。车胤感到很苦恼，觉得时间就这样白白浪费了，很可惜。

一个夏天的晚上，车胤又没有钱买灯油了，只好坐在院子里，默默地回忆着白天读过的书。忽然，他发现院子里有许多许多的萤火虫，正一闪一闪地在空中飞舞。他灵机一动："要是能把这些萤火虫聚集在一起，借它们的光不就能继续读书了吗？"

于是，车胤开始捉萤火虫，捉了十几只，然后把它们装在用白纱布缝制的口袋里,挂在书桌前。这样，他每天晚上就能借着萤火虫微弱的光苦苦地读书了。

车胤就是这样发奋读书，刻苦学习的，他长大后成了一个很有学问的人。

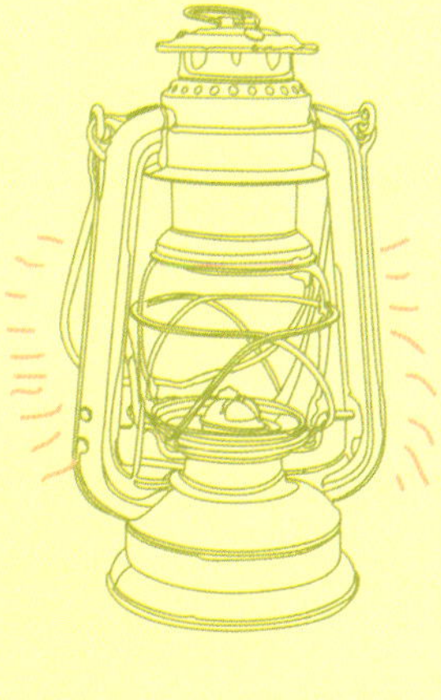

1分钟
胎教课堂

准爸爸可以给胎宝宝唱一首周华健的《亲亲我的宝贝》。这是一首歌词优美、曲调欢快的歌，会让胎宝宝沐浴在浓浓的父爱之中，幸福地成长。

宝宝，妈妈想对你说

车胤学习起来可真刻苦呀！

妈妈要对宝宝说的是，无论环境多么恶劣，我们都要努力克服困难，勤奋好学，这样长大后才能有所成就。宝宝，妈妈希望你以后在学习中也能这样努力哦！

准爸爸来读

嘿，爸爸的乖宝宝，妈妈昨天教你认的数字，都记住了吗？要加油学习哦！爸爸今天给你讲的小故事，就是一个爱学习的宝宝的故事，你听了故事后，要多向他学习哟！

匡衡凿壁借光

匡衡小的时候就很想读书，可家里太穷，父母没有钱送他去上学。为了读书，小小的匡衡就非常认真地跟着一个识字的亲戚学习认字，慢慢地他认字越来越多，就能自己读书了。

不过，那时候，书是非常珍贵的物品，价钱也很高，他没钱买书，有书的人也不会轻易把书借给别人。为了能借到书，匡衡就专门找了一户有书的人家，说愿意给他家做工，而且不要工钱。这倒是件奇事，哪里有白白帮别人做工的道理呢？那户人家的主人就问匡衡：“你为什么不要工钱呢？”

宝宝，妈妈想对你说

匡衡出身贫寒，虽然没有条件读书，但勤奋好学，自己创造条件也要学习。这种刻苦攻读的精神真值得我们学习！宝宝长大以后，虽然不需要在那样艰苦的条件下读书，但妈妈同样希望你是个能够克服困难、热爱学习的人。

匡衡回答说：“我很喜欢读书，您借书给我看就可以了。”

主人很感动，就决定把书借给匡衡。可是，匡衡白天都得在田地里干活儿，只有中午吃饭休息的时候才能有空看点儿书，读完一卷书怎么也得要半个月。心急的匡衡就想利用晚上的时间多看点书。可是，他家哪有余钱买油灯呀！

这天晚上，匡衡躺在床上背白天读过的书。背着背着，他看到东边的墙壁上透过一线光亮。他走过去一看，啊！原来邻居家的灯光从墙缝里透过来了。他灵机一动，拿起一把小刀，把墙缝挖大了一些，这样，透过来的光亮也大了。匡衡就拿起书，凑近透过来的灯光，读起书来。

勤奋的匡衡就通过凿壁借光阅读了大量的书，长大后成了一个很有学问的人。

准爸爸和准妈妈在给胎宝宝讲故事时，应尽可能地把故事里的角色形象地表达出来，多用拟声词来渲染氛围，如咕咚、哗啦啦、呼呼、扑通……讲到小动物时，还可以模仿几声小动物的叫声，这是胎宝宝最喜欢的。

准妈妈来读

嗨，亲爱的宝贝，好几天没听妈妈讲故事了，是不是很想听妈妈讲故事呀？今天，妈妈要讲的这个故事可有趣了，宝宝要乖乖地听哦！

皇帝的新装

王城里来了两个骗子，声称自己能织出世上最神奇、最美的布，不称职或愚蠢的人都看不见这种布。

皇帝很想用这种神奇的布来做一套新衣服，于是付给骗子很多钱，命他们尽快把布织出来。

两个骗子在房间里放了两台织布机，装作织布的样子，但织布机上什么都没有。

皇帝派了一个大臣过去看看布织得怎么样了。大臣来到织布机房，看到两个骗子正在空空的织布机上忙碌着。

骗子对大臣说：“您看这布上的花纹多美丽，色彩多漂亮啊！”

大臣拼命地睁大眼睛，可他什么都没看见。但他害怕别人发现他不称职或愚蠢，回去后仍然对皇帝说：“那布美极了！”皇帝听了很高兴。

不久，皇帝又派一个官员去看布。官员也同样对皇帝说：“是的，那布美极了。”

有一天，皇帝亲自带上一些官员去看布去了。他们走进机房时，看到两个骗子正在织布，织布机上空空的，什么都没有。

“这布多华美呀！”大臣对皇帝说。“我什么都没看见，这太可怕了。”皇帝很害怕被人知道这事，于是点头说：“真的很漂亮，我非常满意。”

随行官员什么都没看到，但都说：“真是美极了。”他们建议皇帝穿上这种布做的衣服，举行游行大典。皇帝答应了。

游行大典那天，皇帝脱光衣服后，穿上了两个骗子用神奇布料做的衣服，然后，就带着官员们到街上去游行了。

王城的人都说：“皇帝的衣服多漂亮呀！”

“可是，他什么都没穿呀！”一个小孩子最后大声说。民众们议论纷纷，皇帝这才发现自己被骗了。

1分钟
胎教课堂

到了孕晚期，准妈妈的心情可能比较焦虑。此时，不妨试试音乐冥想的方法。放一首优美、柔和的乐曲，闭上眼睛，专心地想象音乐的画面，尽量勾勒细节，如蓝蓝的天空、棉花糖似的白云、潺潺流动的小溪、叽叽喳喳的小鸟……这种冥想的力量对胎宝宝也是益处颇多，不仅能让他产生美好的感受，还能帮助胎宝宝脑神经系统的发育。

准爸爸来读

宝宝，你听，外面“哗哗哗”是什么声音？对啦，是下雨的声音！今天下雨了，爸爸在家里陪宝宝，给宝宝讲有趣的故事听。好，爸爸现在就要带着可爱的小宝贝，开始咱们的故事之旅啦！

爱动脑筋的鲁班

古代最有名的木匠是鲁班。他发明了很多木匠使用的工具，有锯、刨子等。鲁班之所以能有这些发明，和他平时特别爱动脑筋是分不开的。传说，鲁班发明的锯，就是源于一棵小草给他的灵感。

有一次，鲁班参与建造一座大房子，这个房子需要很多木材。因为那个时候砍树用的是斧子，砍倒一棵树就需要很长时间。照这样的进度，房子恐怕不能按时盖好，鲁班非常着急。

一天，鲁班到山上去看工人砍树。在上山的路上，因为山特别陡，他必须紧紧抓住山坡上的野草往上爬。爬着爬着，鲁班感觉手掌心特别疼。这时他发现手心被划出了一道口子，还渗出了一些血丝。

小草怎么能把手掌划破呢？鲁班仔细观察，发现刚才抓过的野草上有许多锯齿状的刺，而且还很锋利。咦，要是把铁片也做成锯齿状，不就能用它来锯木头了吗？

想到这里，鲁班开始琢磨起来，终于发明了锯。鲁班让工人用他发明的锯来锯树，嘿，效率一下子就提高了。最后，大家还提前完成了任务呢！

从此以后，不论是锯大树，还是做家具，鲁班所发明的锯都起了重要的作用。人们对锯的使用也变得越来越广泛了。

宝宝，妈妈想对你说

宝宝，你知道吗？许多发明创造都来源于生活。所以，妈妈希望宝宝以后在生活中也能做个有心人，多思考、多实践，这样才有可能成功。说不定哪天，一项新的发明创造也能在宝宝手中诞生呢！加油哦，宝宝！

1分钟胎教课堂

为了让胎宝宝拥有良好的性格和美好的品德，准妈妈应尽力为腹中的宝宝打造一个充满温馨、慈爱、优美的生活环境。如平时保持愉快的情绪，在家中孝敬老人，工作时认真负责等，帮助胎宝宝创建一个健康的精神世界，从而促进其良好性格的发展。

准爸爸、准妈妈都可读

宝宝，又到听故事的时间了。今天要给宝宝讲的是一个利用空余时间学习的小故事。爸爸、妈妈希望宝宝听完后，也能成为一个爱学习的宝宝，好不好？好啦，好听的故事开始啦！

三余读书

东汉的时候，有个叫董遇的人，知识渊博，被当时的人尊称为大师，就好像现在的大学教授一样，很有学问。

在董遇还小的时候，他家里并不富裕，小小的董遇也需要跟随大人一起去田间地头干农活，有时候还要跟随大人一起出门做点小生意，挣点小钱来维持生计。

虽然学习环境并不好，但董遇从不因此气馁，不论是去田地里干活，还是出门做小买卖，他总会随身带着一些书，一有空闲就拿起书孜孜不倦地读起来。

即使后来做了官，做了皇帝的老师，他仍然坚持用这种方法学习，博览群书，不断丰富自己的学识。

有的人见董遇学问大，就想拜他为老师，董遇却怎么也不肯收徒弟，他对来人说：“不用拜我为师，一本书读一百遍，就可以了。”

来人就问：“为什么要读一百遍呢？”

董遇就说：“书读百遍，其义自见【xiàn】。多读几遍，书中讲的道理你自然就明白了。”

“可是谁会有那么多时间来读书啊？”那人又问他。

董遇回答说：“可利用三余读书。冬天不能种地，就有空余的时间；夜间少睡一点觉，也有空余时间；还有阴天下雨时，不能外出劳作，也有空余时间。都可以用来读书啊。”

想拜师的人终于明白了，原来董遇是把零散的时间都用来读书了，才最终成了大学问家。

得到爱的时候，我们的眼睛和嘴角都会饱含笑意，所以微笑胎教也是爱的胎教。当妈妈因为得到爸爸的爱而露出笑容的时候，体内会分泌出良好的化学物质，帮助胎宝宝更健康地发育。同时，妈妈体内还会分泌大量的酶和内啡肽，提升孕期良好的情绪，还可稳定心率，促进血液循环。如果血液循环畅通的话，心情也会变好，压力和妊娠抑郁也会消失。所以，是否能够孕育身心健康的孩子，与父母的微笑胎教有很大关系。

准妈妈来读

妈妈的小宝贝，你今天开心吗？又到了听故事的时间啦，妈妈今天要给你讲个大英雄岳飞的故事，你没听过吧？嗯，妈妈猜，你一定喜欢听。好啦，妈妈要开始讲了哦！

岳飞精忠报国

岳飞是我国宋朝的一位著名将领。他小时候勤奋好学，不仅学习好，还练得了一身好武艺。在他 20 岁那年，北方金国的军队侵犯中原，残害百姓。岳飞听到了这个消息，非常气愤，他决定奔赴战场，英勇杀敌，报效国家。

岳飞的母亲知道他有一颗爱国的心,就在他的背上刺下了“精忠报国”四个大字。岳飞将母亲的教诲记在心底，多次带领部队击败金兵，立下了赫赫战功，收复了大量被金国占领的国土。

让人没有想到的是，就在岳飞的部队要取得全面胜利的时候，昏庸无道的宋朝皇帝听信了奸臣秦桧的谗言，要与金国讲和。他一连颁发了十二道金牌，命令岳飞撤军回朝。岳飞没有办法，只好率领军队返回。

岳飞一到，就被皇帝罢免了兵权。而奸臣秦桧又说服皇帝和金国讲和，岳飞知道后，坚决反对皇帝这样做。秦桧和宋朝皇帝为了能与金国讲和，就以“莫须有”的罪名把岳飞害死了。岳飞被害时，年仅 39 岁。岳飞被害之后，宋朝皇帝与金国订立了可耻的卖国条约，大片的国土落入了金人之手。

一代抗金英雄岳飞虽然被害死了，但他精忠报国的爱国精神一直激励着后来的爱国将士们，他的故事一直流传至今。

1分钟胎教课堂

到了孕晚期，准妈妈应进行适量的活动，如选择跳一些缓慢的舞步。对于准妈妈来说，慢步的交谊舞是一项很好的运动，有利于身心的调节和健康。跳舞时，准爸爸应多多参与，调动准妈妈的积极性，让准妈妈拥有美好的心情，胎宝宝从中也会感受到快乐。

宝宝，妈妈想对你说

岳飞一直坚守着“精忠报国”的信念，成为我国历史上著名的爱国大英雄,他的精神值得我们所有人学习。宝宝，我们应该像大英雄岳飞一样，热爱自己的祖国，保卫自己的祖国。

准爸爸来读

乖宝宝，爸爸来啦！听妈妈说，宝宝现在学习可认真了，每次听故事时都乖乖的，真棒呀！好，爸爸今天再给宝宝讲一个爱学习的小故事，宝宝也要认真听哦！

孙敬悬梁苦读

在我国东汉时期，有个名叫孙敬的人。

年轻时，他学习非常刻苦，经常一个人关起门，在家里认真读书，有伙伴叫他出去玩儿，他也从来不去。每天从早学到晚，经常忘记吃饭，也顾不上睡觉。

读书的时间长了，孙敬虽然感到很累，但还是不肯休息，继续坚持读书。到了晚上，孙敬常常困得直打瞌睡。他想：睡觉会影响读书学习，怎么办呢？

孙敬想来想去，终于想到一个管用的办法。他找来一根绳子，把绳子的一头牢牢地拴在房梁上，另一头就系在自己的头发上，因为古时候的人头发都很长。这样，当孙敬读书困得打盹时，头一低，绳子就会拉住头发，把头皮扯痛，这样他就会马上清醒，接着继续读书学习了。

凭借着这种独特的“头悬梁”的刻苦读书精神，孙敬最终通今博古，满腹经纶，成了一位著名的大政治家。

宝宝，妈妈想对你说

孙敬珍惜时间、刻苦攻读的精神真了不起呀！宝宝长大后，也要向孙敬学习，在学习中克服各种困难，坚持不懈，这样才能像孙敬一样，成为一个对国家有用的人。

1分钟胎教课堂

准妈妈布置一个安静、舒适、平和、健康、自然的生活环境，让自己的心境随时处在愉快舒适的状态，胎宝宝才能拥有良好的性格。到了怀孕第8个月，胎宝宝已能感觉到喜悦与情爱，这时候如果爸爸、妈妈能适时制造一些浪漫，重温恋爱的幸福与甜蜜，就会让胎宝宝的动作放轻松，并拥有一颗能感受喜悦和情爱的心。

宝宝，今天是不是很开心呀，怎么像个小猴子似的在妈妈肚子里蹦蹦跳跳的？乖，宝宝，安静下来吧，妈妈给你讲个小猴子的故事听。

贪玩的小猴子

冬天快到了，天气变得越来越凉，寒冷的风“呼呼呼”地吹着大地。

“冬天快来了，赶快盖房子吧！”小动物们忙啊忙啊，想要盖一间间漂亮的新房子。

“嗨哟，嗨哟”，小蚂蚁背来了一块块小石头，垒啊垒啊，垒起了一座宽敞明亮的石头房子。小蚂蚁看看石头房子，心想：“石头房子真舒服，在里面放点东西吧！”于是，小蚂蚁把面包放了进去。

小松鼠跑上跑下，一会儿拣树枝，一会儿锯木条，盖了一座高高的树洞房子。小松鼠想：“树洞房子真暖和，放一些松果在里面吧！”于是，小松鼠拣了好多松果放进了树洞房子里。

小鸟飞来飞去，拣来很多小树枝，“喳喳喳，建新房，真有趣！”小鸟盖了一座漂亮的树枝房子。小鸟想：“树枝房子真好看，放点小虫进去留着以后吃吧！”小鸟飞啊飞啊，把捉到的一只只小虫放进了树枝房子里。

小猴子真贪玩，大家都在盖房子，他却一点儿也不着急，到处去玩儿，还说：“冬天还没来呀，这么着急干什么呢！”冬天来了，小动物们都住进了自己暖和的房子里，可贪玩的小猴子没有房子，只能坐在冰冷的雪地里冻得不停地哆嗦！

准妈妈可以从书中对人世间一切美好事物的描写体会到世界的温馨，这不仅可以使准妈妈本身感到充实、丰富，同时还能熏陶腹中的胎宝宝，让他也感受这诗一般的语言、童话一样美的仙境，而且还会刺激胎宝宝快速生长，使其大脑的发育优于其他胎宝宝。所以，为了能生出一个有爱心、有智慧的宝宝，准妈妈要多多和胎宝宝进行语言交流哦！

准爸爸来读

乖宝贝，晚上好呀！来，让爸爸摸摸小手和小脚丫吧！嘿，宝贝真乖呀！好啦，爸爸现在要给乖宝贝讲故事听啦，宝宝要好好听哟！

三个和尚没水喝

从前，有一座山，山上有一座庙，庙里有个小和尚。

小和尚每天打坐、念经、敲木鱼、挑水，把庙里的水缸都装满了，还给观音瓶子里续水，让里面的杨柳枝长得绿绿的。晚上的时候，他还到处巡视，把老鼠进出的洞口堵起来，生活过得安稳自在。

不久，来了个高和尚，他走了很远的路，一到庙里，就把缸里的水给喝光了。于是，小和尚让他去挑水，高和尚心想一个人去挑水太吃亏了，就说：“我们一起去抬水吧。”这下小和尚可不干了，说：“我挑的水都让你给喝光了，当然是你去挑才对。”

两个人你不让我，我不让你，吵得嗓子都冒烟了，最后，他们不得不抬着一只水桶去山下取水。抬水的时候只要看见水桶不在中间，他们两个人就推来推去，谁都不想多出一点儿力气。

后来，一个胖和尚来到庙里，他也走了很远的路，可是水缸里只有一口水了，实在解不了渴。小和尚和高和尚让他自己去挑水，胖和尚挑来一担水，放下水桶就立刻咕咚咕咚地大喝起来，两桶水被喝了个精光。

从这儿以后，三个和尚谁也不愿意去挑水了，每天都过着没水喝的日子，观音瓶里的柳树枝也枯了，夜里老鼠到处乱蹿。有一天老鼠打翻烛台，燃起了大火，三个和尚来来回回挑水灭火，足足忙了一个晚上。大火终于扑灭了，三个和尚这才明白了齐心协力的重要。他们再也不计较小得失，而是轮流去挑水。于是，他们又过上了有水喝的日子。

1分钟胎教课堂

休息对胎宝宝也很重要，胎宝宝大部分的时间都在睡觉；充分的休息才能累积“学习”的能量，才能集中精神与妈妈或外界的刺激进行互动。所以，与胎宝宝互动性高的胎教，最好选在胎宝宝清醒时进行，别一天到晚为了胎教而不停地“刺激”胎宝宝，免得弄巧成拙，把宝宝“吵得”很疲惫。

宝宝，妈妈想对你说

宝贝，你长大以后会有许多朋友、同学和同事，许多事情都需要大家一起合作完成，如果只是自顾自地活着，生活中会有很多麻烦。故事里的三个和尚就不懂得合作，他们遇上了什么麻烦事呢？

准爸爸、准妈妈都可读

宝宝，现在爸爸已经把餐具摆好，要和妈妈一起用晚餐了，你要乖乖地哦！妈妈吃饱了，你才能吃饱，才能快快地成长。吃完后，爸爸、妈妈就要给宝宝讲故事听哦！

别怕，匹诺曹

老皮帕诺没有孩子，总是一个人生活，感觉很孤独。一天，他用一块会说话的木头，做了一个可爱的男孩，并给他取名叫匹诺曹。

匹诺曹虽然是个木偶人，但他会说、会笑、会唱、会跳。他还叫皮帕诺“爸爸”。皮帕诺也把他看成是自己的儿子，还把他送去学校上学。但匹诺曹不喜欢念书，他只想跟小伙伴们在一起玩儿。

一天，匹诺曹为了买看戏的票，竟把课本卖掉了。

回家的路上，他才开始担心爸爸会因此批评他。这时，他遇见了一只狐狸。狐狸说：“你跟我走吧！我可以帮你把课本买回来。”匹诺曹高兴地跟着狐狸走了。

然而，狡猾的狐狸骗了他，而且还把他吊在树上，拿走了他身上仅有的一块金币。

一位仙女刚好路过，举起魔棒轻轻一点，就把匹诺曹从树上救了下来。仙女问：“发生了什么事？”

匹诺曹不想说实话，于是撒谎，乱编故事。可惜他有一个诚实的鼻子，一旦说谎，鼻子就会变长。见他鼻子越变越长，仙女失望地走了。

闯了祸的匹诺曹不敢回家，只得四处流浪。

后来，他来到了玩具国，看到有几个孩子整天都在玩儿，于是便加入了他们。一天，匹

诺曹发现那些贪玩的孩子们都变成了驴子。原来，在玩具国里，贪玩的孩子最后都会变成驴子。匹诺曹吓坏了，赶紧逃跑。

他又四处流浪，后来被卖进了马戏团。

匹诺曹表演钻火圈时，不小心折断了腿。马戏团老板觉得他没用了，于是就把他扔进了大海。匹诺曹在海上漂呀漂。大海四面都是水，一个人影都没有，匹诺曹很害怕，伤心地哭了。他很后悔，要是自己没离开家，没离开爸爸就好啦！他好想回到爸爸的身边。

一只大鲨鱼游过来，把匹诺曹吞进了肚子里。匹诺曹吓坏了，拼命踢打鲨鱼的肚子，大声哭喊着："救命！救命！爸爸快救救我！"

突然，身后有个人说："别怕，孩子！爸爸在这里。"匹诺曹惊呆了，他回过身，发现爸爸皮帕诺就坐在自己身后。

匹诺曹扑进爸爸的怀里，哭着说："爸爸，以后我一定会好好读书，再也不离开你了。"

原来，自从匹诺曹失踪后，皮帕诺四处找他，出海时被鲨鱼吞进了肚子里，已经在鲨鱼肚子里生活两年了。

几天后，皮帕诺趁鲨鱼生病时，带着匹诺曹悄悄地从鲨鱼的大嘴里爬了出来，游到了岸边。后来，他们在海边住了下来，过着平静安宁的生活。而贪玩又爱说谎的匹诺曹也变成了一个勤劳诚实的好孩子。

宝宝，妈妈想对你说

可怜的匹诺曹犯了错，但他又害怕爸爸的批评，所以不敢回家，却不知道爸爸正着急地到处找他呢！我的宝贝，对于爸爸、妈妈来说，你才是最重要的，所以，别怕犯错，重要的是要诚实而勇敢地面对错误。

1分钟胎教课堂

怀孕过程若有另一半的参与，相信一切会变得更顺利。如果亲戚、朋友的孩子年龄已经够大，也可以和准爸爸一起加入关心准妈妈的工作，即使一两岁的小朋友也可以对胎宝宝说说话，加强其即将做哥哥、姐姐的责任心与荣誉感。胎教全家总动员，宝宝幸福又快乐。

准爸爸来读

乖宝宝，爸爸在向你问好哦！好几天没听爸爸讲故事了，一定很想爸爸吧？今天，爸爸就给宝宝讲个小刺猬的故事，快来听听吧！

宝宝，妈妈想对你说

这真是一个非常好玩的故事，可爱的小刺猬想学游泳了，有那么多的朋友给他帮忙呢，相信他一定会很快学会游泳的。宝宝，等你出生以后，爸爸、妈妈也带你一起去学游泳，好不好？

小刺猬学游泳

最炎热的夏季到了，会游泳的小动物们都跑到了小河里玩水去了，河边一下子热闹起来。

小鳄鱼在水中自由地扭动着大尾巴，小猪套着游泳圈在水里扑腾着，小鸭子一家在小河中玩得正欢，小狗也跳到水里，大声说：“真舒服，好凉快啊。”

这可急坏了小刺猬，他大声对刺猬妈妈嚷嚷着：“我也要游泳，我也要游泳。”

刺猬妈妈犯了难，我可不会游泳，谁能教小刺猬学游泳呢？

小猪建议给小刺猬带上游泳圈。“不行不行，我身上都是刺，游泳圈会被扎破的！”小刺猬摇了摇头说。可不，那一身的尖刺，游泳圈一套上去就得刺一圈儿洞。

小猴子说：“小刺猬，到我们的竹排上来吧，不会游泳也没有关系，可好玩了。”小刺猬一下子就跳到了竹排上，开心地用手划拉着河水，对岸边的妈妈喊道：“妈妈，真好玩。”

忽然，一阵强风刮来，竹排晃了几次，小刺猬咕噜一下滚进了河里。小猴子不会游泳，在竹排上急得溜溜转。刺猬妈妈大喊：“快救人呀，小刺猬落水了。”

正在这时，河水中的小刺猬好像被谁托了起来，稳稳地向岸边移动着。大家仔细一看，是不爱说话的小鳄鱼，正驮着小刺猬呢。

小刺猬终于得救了！

1分钟胎教课堂

准妈妈温柔善解人意的心思，对胎宝宝而言是重要的营养要素。要知道，准妈妈的精神状况也会影响胎宝宝发育的状况。若由激素所传递的都是准妈妈的不满和压力，这对胎宝宝而言是何等的不公平！为了给胎宝宝一个健全的身心，准妈妈必须随时保持开朗、温柔、慈爱的心情，并且能持之以恒。也唯有充满爱心的生活环境和愉快的心境才是最好的胎教。

准爸爸来读

小可爱，爸爸回来啦！来，先让爸爸亲一下！哎呀，多乖的宝贝呀！宝宝是不是也很爱爸爸呀？要是宝宝也爱爸爸，就乖乖地和爸爸一起来读故事吧！

小水獭砍了樱桃树

小水獭溜溜来到了离家不远的河边，决定盖一所漂亮的房子。

他最喜欢木头的房子，又暖和又结实。河边不远就是一片大森林，木头多得数不清，溜溜提上锯子就向着森林出发了。

他这里看看，那里看看，太小的树木不能要，它们还没长大呢！太大的树木也不行，他可没那么大力气去扛大木头呀！咦，这棵树非常棒，大小也很合适，正好用来盖房子！小水獭溜溜终于挑好了一棵树，非常卖力地用锯子锯了起来。

“嗨哟！嗨哟！锯一根大木头！嗨哟！嗨哟！盖一所大房子！”溜溜一边唱一边锯，累得满头大汗，大树终于“轰隆”一声倒地了。

一只蚯蚓从泥土里钻了出来，大声叫喊着：“啊呀，溜溜，不好了，你砍了小熊贝尔最爱的樱桃树！”

小水獭溜溜吓了一跳，天呐！这下闯祸了。谁不知道小熊贝尔最喜欢吃樱桃了，他对樱桃树可宝贝了，每天浇水施肥，还经常请啄木鸟医生来捉虫呢。

这下可怎么办呢？贝尔肯定会非常生气的。溜溜垂头丧气地坐在地上，想了很久，决定亲自去找贝尔道歉。

贝尔虽然十分心疼樱桃树，但最终原谅了诚恳的小水獭溜溜。他对溜溜说：“没关系，我们一起再种上几棵樱桃树吧，明年仍然可以吃到又大又甜的樱桃！”

宝宝，妈妈想对你说

诚实是一个人最可贵的品质。只有诚实，才能取得别人的信任。小水獭勇敢地承认了自己的错误，得到了小熊的谅解。宝宝，以后你能不能也做个像小水獭一样诚实的人呢？

《水上音乐》是著名作曲家亨德尔的作品。这首乐曲特别适合准妈妈在疲劳时听，其虚实相映的音乐和意境深远的画面，能让准妈妈尽快消除疲劳，充分体验轻松柔美的音乐境界，同时还能促进胎宝宝的成长发育。

准妈妈来读

宝宝，妈妈每天都给你讲小故事，就是为了让你多学习一些道理。你要像个小学生一样，认真地听妈妈讲故事，并记在脑子里，好不好？今天的故事又要开始啦，宝宝也要仔细听哦！

卡布是辆棒货车

中午的时候，停车场里新来了一辆小货车，白色的车身上刷了一道红色的条纹，活力十足。

小货车快活地跟停车场上的其他汽车打着招呼：“嗨，你们好啊，我是小货车卡布，请大家多多指教。”

“嘿，新来的家伙，一边儿待着去，这可是我的位置。”一辆黄色的翻斗车毫不客气地按响了喇叭，警告着小货车卡布。

卡布吓了一跳，赶紧往前开了开。翻斗车哧溜一下开进了停车位，“吱——”刹车时，卡布都能听到翻斗车的轮胎发出痛苦的呻吟。

旁边一辆绿色的清洁车好心地提醒道：“小心你的轮胎，翻斗车。”清洁车温和地安慰卡布说：“别理他，卡布，他总是这样不讲理，停在我身边吧。”

卡布红着小脸，点了点头，说：“谢谢你。”

停车场里停了好多的车，有道路清障车、清洁车、翻斗车，还有起重机、挖掘机……卡布发现，他是这里个头最小的一辆车了。他有点儿自卑了，一个下午都缩在角落里，一言不发。等其他车都出发去工作了，他仍然待在原地，因为，还没有人来告诉他，该去哪里做什么呢！

正当他无聊地打瞌睡的时候，一位胖胖的工作人员跑了过来，坐进了卡布的驾驶位，一边大口喘气一边对卡布说：“快走，小货车，翻斗车的轮胎爆炸了，我们得赶紧给他送个轮胎过去。”

卡布一下来了精神，他开动马达，去仓库取了一个翻斗车的轮胎，然后又快又稳地运着轮胎，送到了翻斗车出事故的地方。

胖胖的工作人员很快就替翻斗车换好了轮胎。翻斗车看着卡布，不好意思地笑了笑，说：“嘿，小货车卡布，谢谢你！”

卡布非常开心地鸣起了喇叭，说：“不用谢，翻斗车，能帮上你的忙，我很开心。”比起中午，他已经自信多了。

“中午是我不对，以后我的车位你什么时候想停都可以。”翻斗车诚恳地道歉。

路过的清洁车乐得哈哈大笑，她一边儿冲卡布眨眼睛一边儿对翻斗车说：“哟，翻斗车先生，要小心保护你的轮胎呀！”

小货车卡布和翻斗车也跟着笑了起来。

宝宝，妈妈想对你说

宝宝，你喜欢小汽车吗？故事里的小货车卡布表现得很棒哟，虽然翻斗车欺负了他，可他还是热心地帮助了翻斗车，所以赢得了一个新朋友。希望你将来也可以为自己赢得许许多多的好朋友。

1 分钟胎教课堂

有的准妈妈认为自己五音不全，缺少音乐细胞，不愿意给胎宝宝唱歌。其实，给胎宝宝唱歌不需要任何技巧和天赋，只要带着深深的母爱去唱，任何歌声对胎宝宝来说都是悦耳动听的。准妈妈还可以即兴给胎宝宝编一些儿歌，加强和胎宝宝之间的互动，胎宝宝会更加开心。

准妈妈来读

乖宝宝，妈妈发现你的活动比以前少了许多。你这个贪玩儿的宝宝，专心起来也非常可爱。你在干什么呢？是在思考问题，还是像故事中的小李白一样，在专心致志地读书呢？

铁棒磨成针

李白是我国唐代的大诗人。小时候，他在学堂里读书，一遇到读不懂的问题，就丢下书偷偷跑出去玩儿。

有一次，李白又跑出去玩儿。他一边闲逛,一边东瞧西望。忽然，他看见一位老奶奶正坐在一个矮凳上，手里拿着一根粗大的铁棒子，不停地在磨刀石上一下一下地磨着。

李白奇怪地跑过去问：“老奶奶，您这是在做什么呀？”

“磨针。”老奶奶头也不抬地说，仍然在不停地磨着铁棒。

李白很困惑。老奶奶磨的明明就是一根粗铁棒，怎么是针呢？“老奶奶，针是非常细小的，可您磨的是一根粗大的铁棒呀！”李白又问。

“对呀！我就是要把这根铁棒磨成细小的针。”老婆婆说。

李白更加不明白了，就又问道：“这么粗大的铁棒，怎么能磨成针呢？”

这时，老奶奶才抬起头，慈祥地望望李白，说：“铁棒又粗又大，要把它磨成针确实不容易。但是，只要我每天不停地磨呀磨，总有一天会把它磨成针的。好孩子，只要功夫下得深，铁棒也能磨成针呀！”

李白听了老奶奶的话，低头沉思了一会儿，一下子明白了。他想：“老奶奶说得很有道理呀！做事情只要有恒心，天天坚持，就一定能做成。读书也是一样，虽然有读不懂的地方，但只要坚持读，总会读懂的。”

想到这里，李白感到很惭愧。他拔腿就往学堂里跑，翻开了原来读不懂的书，认真地读了起来。

从那儿以后，李白再也没有逃过学。他每天刻苦读书，最后成为中国有名的大诗人，被人们称为“诗仙”。

宝宝，妈妈想对你说

小李白在老婆婆的启发下，从此认真读书，终于成为一位大诗人。宝宝，不管做什么事情，都要有决心、有恒心。只要肯下功夫，就能取得成功。

准妈妈来读

宝宝，天黑了，妈妈要休息了，你还在蹦蹦跳跳的呢！真淘气呀！宝宝乖，安静一下，听妈妈给你讲个森林里的小动物们比高高的可爱故事吧！

谁最高

大树下，一群小伙伴突然吵了起来，一个比一个声音大。

小熊说：“我最高，看你们都没有我高。”

小猪不服气，他跳到了树桩上，用后腿站了起来，大家一看，原来“站起来”的小猪比小熊还要高。

小猴子马上跳到了树枝上，对着地面上的小伙伴们大声喊道：“你们谁都没有我高！”

小伙伴们谁也不服谁。这时，长颈鹿慢悠悠地走来了，他说：“你们不要比了，我最高。”

大家扭过头，齐声说：“你最高，可你能够到树梢上的果子吗？”

长颈鹿哈哈一笑，说道：“果子算什么，我平时就是吃树叶的。”他跑到了大树底下，伸了伸长长的脖子，使劲够啊，够啊，可就是够不到果子。

正在这时，在树上睡觉的猫头鹰被吵醒了。他什么也没说，飞到了小猴子不敢攀的树枝上，对着长颈鹿也够不到的果子使劲啄了几下，几个果子都落到了地上。

“哇，这里有一个，那里还有一个。”大家开始抢果子，完全忘了比谁最高，又高兴地一起玩了。

1 分钟胎教课堂

条件允许的话，准妈妈可以带胎宝宝去音乐厅，听一场现场音乐会。最好是室内乐性质的音乐会，真实的现场感更会激发准妈妈的音乐情绪，对胎宝宝大有益处，可以让正在慢慢成长的胎宝宝享受到一场听觉的盛宴。

准妈妈来读

妈妈的小可爱，又在妈妈肚子里翻筋斗啦！妈妈都能看到你的小手、小脚了，好开心哦！好啦，乖乖的，该听妈妈讲故事啦！

两个好朋友

农夫的家里养着一头水牛和一匹马，他们俩是好朋友。水牛承担了农夫地里所有的农活，每天早出晚归，非常辛苦，身上布满了干活时留下的伤疤。

马的工作就轻松多了，只要在农夫出门的时候让农夫骑一会儿，或者在收获的季节帮助农夫驮些麦子就可以了。

有一天，水牛耕了一天的地，晚上回到厩中，看到马趴在地上休息，非常羡慕，就对马说道：“老伙计，看着你那么清闲，我也好想歇歇啊！”

马非常同情水牛，便给水牛出了个主意，说：“我有个办法，待会儿农夫来喂你的时候，你少吃一些，明天去地里干活的时候，你就趴在地里，农夫看你没精力干活，就会让你休息的。”

水牛连连点头。晚些时候，农夫来给水牛喂食，水牛果然吃得很少。第二天农夫带着水牛下地干活的时候，水牛便趴在地里。农夫以为水牛生病了，便把水牛带回了家，让水牛好好休息。

可是，地里的活谁干呢？农夫只好拉着马去了地里。马平时很少干农活，力气没有水牛大，皮也没有水牛厚，干活的时候累得气喘吁吁，身上的皮被磨破了一大半，还流了好多血。

到了晚上，水牛看到浑身是伤的马，心里很难受，说：“老伙计，没想到我的轻松是用你的痛苦换来的，明天还是我下地干活吧。”说完，水牛用舌头舔着马的伤口，帮助马缓解疼痛。

这一幕被农夫看到了，农夫很心疼马和水牛。没过多久，农夫又新买了一头水牛，从此以后，两头水牛轮流下地干活，任务轻松多了，马也过上了和从前一样轻松的生活。

1分钟胎教课堂

胎教成功的秘诀，就是不要以平面的形象而要以立体的形象来传递信息。如在教胎宝宝图形时，就要先用彩笔在卡片上描绘出圆形、方形、三角形，将其视觉化后再传递给胎宝宝，也可以找出身边的实物告诉胎宝宝这是什么形状。

宝宝，妈妈想对你说

马和牛真是一对很好的朋友呢，马同情牛的辛苦，牛也心疼马的伤痛和劳累，这样真诚的情感最是动人。宝贝，希望你将来也能找到这样的好朋友。

准爸爸、准妈妈都可读

乖宝宝，爸爸、妈妈出来乘凉了，中秋的夜晚还是有点热呀！你看，路边有一排高高的柳树，它们垂下长长的柳枝，上面长满了绿叶。今天，听爸爸、妈妈给你讲个与柳树有关的故事吧！

小猴子的柳笛

河边的柳树发芽了，柔软的柳树枝条上长满了嫩绿的小芽。春风轻轻一吹，这些柳树枝条就不停地随风舞动起来。

小猴子爬到柳树上，折下几枝柳树枝条，用它们做成翠绿小巧的柳笛，含在嘴里，吹个不停，发出悦耳清脆的“嘟——嘟——嘟——”声。

旁边的小动物们听见了，都跑过来央求小猴子说：“小猴子，小猴子，请你帮我们每个人做一支漂亮的柳笛吧！我们也要吹出动听悦耳的柳笛声。”

小猴子得意地爬上柳树，不一会儿，柳树下就铺满了一层柳树枝条。

小猴子正要教大家怎样做柳笛时，象伯伯走了过来，严肃地批评小猴子，说：“你这样乱折柳树的枝条，是不对的。柳树用她嫩绿的枝条，装点着春天的美丽风景。如果每个人都像你一样，乱折树枝，春天就会被气得离开的。”

“象伯伯，我错了，我不该乱折柳树枝条。”小猴子低着头，脸和屁股一般红。

“可是柳树枝条都折下来了，再也长不上去啦！”小兔子惋惜地说。

“是呀！不如我们就用这些柳树枝条做柳笛吧！”小山羊建议道。

“孩子们，虽然这些折下来的柳树枝条再也长不到柳树上去了，可是我们可以将这些柳树枝条栽上，它们会长成一棵棵柳树的。”象伯伯说。

“可是，象伯伯，这些被我折下来的柳树枝条又没有根，能栽活吗？”小猴子有些不相信。

“孩子们，相信我，不会有错的。”象伯伯自信地拍着胸脯向大家保证。

大家马上开始栽树，小猴子挖坑，小兔子栽柳树枝条，小山羊负责填土，象伯伯用长长的鼻子从河里吸水，给栽好的柳树枝条浇水。栽了整整一天的树，虽然大家都有些累，却感到很开心。

一天天过去了，大家栽下的小柳树也慢慢地长高长大了。小猴子和他的小伙伴们商议，到了明年春天，大家还要一起栽很多很多的小树呢！等这些小树长成一片树林后，大家就可以在树林里开心地玩各种游戏了！

宝宝，妈妈想对你说

淘气的小猴子在大象伯伯的指导下，不再折柳枝了，而是把折掉的柳枝插入了泥土里，长成了一棵棵的柳树。而看着柳树成长的快乐，比听柳笛声的快乐要多得多呢！

1分钟胎教课堂

胎宝宝在准妈妈体中有爱动的，有不爱动的；出生后的宝宝有爱睡觉的，有不爱睡觉的；有的宝宝喜欢用眼睛追踪人的面孔，有的宝宝只看一眼就不看了，等等，这就是个性的差异。宝宝出生之后就有个性，同准妈妈妊娠期间的环境、活动方式及准妈妈体内环境有关系。因此，可以说胎宝宝在准妈妈体内就已逐渐形成了个性。

准爸爸来读

宝宝，你看，这是爸爸给你买的小鸟，等你出生后，就能和它一块玩儿了。怎么样，喜欢吧？宝宝要是喜欢，就乖乖地听爸爸给你讲讲这只小鸟的故事吧！

宝宝，妈妈想对你说

精卫鸟日复一日、年复一年，坚持不懈地叼树枝填海，宝宝，你说精卫鸟是不是很了不起呀？其实我们做事也是一样的，只要认定了一件事，就应该意志坚决，不畏艰难，直到实现目标为止。宝宝，你能做到这样吗？

精卫填海的故事

很久很久以前，有个名叫女娃的小仙女。她小时候很想到东海去看看，因为那里是太阳升起的地方。可她的爸爸炎帝为了百姓的生活操劳奔波，总抽不出时间带她去。

这天，女娃自己悄悄离开了家，独自驾着一条小船向东海深处划去。当小船划到大海中央时，忽然，天上电闪雷鸣，下起了大暴雨。

海上滔天的大浪，一下子就把女娃和她的小船吞没了……女娃遇难的消息传到村里，村民们都很难过。他们含着眼泪来到海边，一次次呼唤着女娃的名字。

这时，海上飞来一只漂亮的小鸟。小鸟在村民们的头上盘旋着，还不断地发出“精卫”“精卫”的叫声。

过了一会儿，小鸟转身飞向树林，叼起一根树枝飞向大海。她将树枝投入海后，又飞回树林，继续叼起一根树枝，再把树枝投入大海……

原来，这只小鸟就是女娃变成的。她不想看到其他小朋友也被凶恶的大海吞没，就下定决心，要把这大海填平。

就这样日复一日、年复一年，小鸟不知疲倦地叼着树枝投入大海。乡亲们还给她起了个好听的名字——“精卫鸟”。

后来，海上飞来一只海燕。在知道了精卫鸟的遭遇后，海燕非常感动，就和精卫鸟结为夫妻。他们还生了很多鸟宝宝。这些鸟宝宝和爸爸妈妈一起，每天叼着树枝去填大海。直到今天，精卫鸟们还在不停地填海呢！

1分钟胎教课堂

胎宝宝习惯了准妈妈心脏跳动时有节奏的声音，准妈妈若能用自己的歌喉唱出的自然韵味向胎宝宝传递母爱，就是最好的胎教。准妈妈在怀孕期内要坚持天天唱一首歌，这样胎宝宝就能反复体验准妈妈歌喉的韵味，从而促进胎宝宝脑神经系统和感觉器官的成熟。

准爸爸来读

乖宝宝，爸爸又来给你讲故事啦！这个小故事让爸爸受益匪浅呢，希望宝宝也能从中学到很多道理。好啦，爸爸开始讲啦，宝宝要认真听哦！

孙康映雪

古时候，有个名叫孙康的少年，特别爱读书。可他家里很穷，家里人白天都要下地种田，孙康年龄虽小，也不例外，所以白天没有时间读书。晚上虽然有时间，但因为他家里买不起灯油，所以晚上也不能读书。

孙康只能利用阴天下雨不能去地里干活的时间来读书，到了晚上，他只能躺在床上，回忆白天读过的内容。

一个冬天的晚上，孙康又躺在床上回忆白天读过的内容。不知过了多久，他才沉沉地睡去。

半夜里，孙康睡醒了。他揉揉眼看了看窗外，外面天很亮，他以为自己醒晚了，就准备起床，利用早上的时间读一会儿书。

孙康穿衣下床，打开门一看，原来是夜里下雪了。大地、房子上到处都是雪，雪把附近的山川、房舍都装点成银白色的世界，四周的一切都发出了光亮。

“原来是雪的光亮呀！”孙康心想，“利用这雪光，不也能读书吗？”

想到这里，孙康马上拿着书走到屋外，坐在窗下的小凳子上，利用大地映着的雪光读起书来。

夜深人静，刺骨的寒风吹着白雪，冻得孙康直打哆嗦。但孙康仍然坚持读书，实在冻得受不了，他就起身跑一跑、跳一跳。手指冻僵了，他就两只手互相搓一搓，或把手放在嘴边哈热气。

后来，只要遇到下雪的夜里，孙康就会跑到屋外，利用白雪映出的光亮读书。这样的苦学精神让他的学识突飞猛进，最终成为一个饱学之士，后来还当上了大官。

宝宝，妈妈想对你说

宝宝，我们现在的生活条件非常优越，不需要再像孙康这样苦读了。但他那强烈的求知欲，专心致志忘掉寒冷的学习精神，却是非常值得我们学习的。

1分钟胎教课堂

抚摸是一种简便而有效的胎教运动，从孕期18周后即可进行。但若准妈妈有过早产、流产、产前出血等不良产史，则不宜进行抚摸胎教；有腹痛、不规则子宫收缩、先兆早产或先兆流产的，也不宜进行抚摸胎教。

准妈妈来读

宝宝，你今天在妈妈的肚子里好安静哦！让妈妈猜猜，你是在专心地学习吗？休息一下吧，来听妈妈给乖宝宝讲个故事，好不好？

程门立雪的故事

在我国宋代，有个著名的学者名叫杨时。他年轻时非常好学，经常拜师访友，学习各种学问。

有一次，杨时在学习时遇到了难题，就找到自己的同学游酢，一起去向老师程颐求教。可他们来到程颐家中时，老师程颐正在午睡。为了不打扰老师，俩人就恭恭敬敬地站在门外等候。

那时正值隆冬季节，天寒地冻，更糟糕的是，天上还飘起了雪花。不大一会儿，雪就下大了。两个人站在大雪中，冻得手脚生疼，脸上和身上也积了厚厚的一层雪，远远望去，就像两个雪人一样。

可是，两个人依然在外面等候老师醒来，不知不觉在雪地里站了很长时间。

等老师程颐午睡醒来，打开门出来赏雪，才看到两个学生还恭恭敬敬地站在门外，都成了雪人了！

程颐大吃一惊，问道：“看你们身上和脚下的雪，就知道你们站了很久了，怎么不进屋呢？”杨时连忙上前施礼说：“老师，我们是来请教问题的，怕吵醒您睡午觉，就一直在外面等候。”

程颐被两个人的求学精神和尊敬师长的品德深深地打动了，从此更加尽心竭力地帮助他们。

1分钟胎教课堂

准爸爸和准妈妈在与胎宝宝沟通时，可经常读一些英语儿歌给胎宝宝听。英语儿歌读起来朗朗上口，准爸爸、准妈妈可重复、缓慢地读，并且要有声有色地读，这样才能起到英语启蒙教育的作用。在胎教、早教中坚持英语教育，将来宝宝的英语听读能力会更优秀。

宝宝，妈妈想对你说

杨时这种虚心求教和尊师重道的品德，直到今天都很值得我们学习。宝宝，妈妈希望你长大以后，也能成为一个热爱学习、尊敬师长的好宝宝。

准妈妈来读

宝宝，刚刚妈妈吃了一个苹果，又脆又甜。这么好吃的苹果是从什么地方长出来的？苹果树！今天咱们要讲的故事就跟大树有关。

给大树治病

森林里最近发生了一件怪事，许多大树的树干上都出现了密密麻麻的小洞，随着小洞的增多，大树很快就枯萎了。

小动物们都知道了这个消息，大家你一言我一语，开始商量起来。

小黄鹂哭着说：“呜呜……如果大树都枯萎了，我就没有地方盖房子了。”

小松鼠哭着说：“呜呜……如果大树都枯萎了，树上就没有我爱吃的松果了。”

小猴子也哭着说：“呜呜……如果大树都枯萎了，我就没有玩儿的地方了，因为我一站到树枝上，干枯的树枝就会折断。”

就在大家都伤心地抹眼泪的时候，小狐狸乐观地说：“大家别担心，我们可以去找啄木鸟医生，他肯定能把大树的病治好。”

“可是，咱们的森林里没有啄木鸟医生啊？”小白兔说道。

小狐狸听了，便托着下巴开始想起主意来。小狐狸可是森林里最聪明的动物，果然，才一会儿的工夫，小狐狸就想出了个办法。他对小黄鹂说：“小黄鹂，你飞得远，在咱们森林的北边还有一个森林，那儿准能找到啄木鸟医生。”

小黄鹂点了点头，便向着北边的森林出发了。

宝宝，妈妈想对你说

宝宝，一棵又一棵的大树相连，形成了一片又一片的森林。森林是大地给予我们的礼物。没有了树木和森林，不仅小动物会失去住所和食物，我们人类也一样会失去住所和食物哦。

第二天，小黄鹂就带回了啄木鸟医生。只见啄木鸟医生把自己长长尖尖的嘴巴向大树身上的小洞里伸进去，一下子就啄出一只天牛来。

小动物们看到了，都开心地拍起手来。小狐狸说：“原来是这个家伙在捣鬼，让我们把它赶出森林吧！”

在啄木鸟医生的帮助下，藏在树干里的天牛都被抓了出来，大家齐心协力，把天牛赶出了森林。渐渐地，大树们都恢复了健康。

回答出国王问题的小男孩，

熟能生巧的卖油翁，

发明飞机的莱特兄弟……

宝宝，他们的聪明才智，

他们巧妙化解危机、善于解决难题的方法，

希望能影响到你，

让这一个个故事为你插上智慧的翅膀，

带你飞向成功的明天吧！

PART 5

插上智慧的翅膀，带你飞向成功之路

准爸爸、准妈妈一起读

乖宝宝，让妈妈猜猜，你一定是个聪明的宝宝，脑子里有很多古灵精怪的想法，任何事都难不倒你，就像妈妈下面要给你讲的这个小故事中的小蚂蚁一样，对吧？

蚂蚁奔奔搬石头

这是一个春光明媚的好天气！各种花儿争先恐后地盛开了。浓浓的花香，飘进了蚂蚁的洞穴。

蚂蚁奔奔挥了挥头上的两条触角，“闻”到了花香。

“春天来了！我去外面找食物，如果运气好的话，说不定还能碰到些面包屑或虫子呢！”奔奔这样想。

蚂蚁奔奔打算喊上同伴们一起外出觅食，可是小伙伴们正在睡觉呢！谁让他们昨天晚上睡得那么晚呢！

蚂蚁奔奔刚走到洞口，就发现洞口被一块大石头挡住了路。这块石头在人类看来，只不过如一个核头般大，可对蚂蚁来说，简直就是一个“巨无霸”了。究竟是哪个冒失鬼干的呢？可能是松鼠从附近的小山坡经过时，不小心碰到这个大石头，让它滚到这洞口来的。当然也有可能是哪个顽皮的小孩子，拿了一块石子，故意堵住了洞口。

奔奔怎么看这个堵在洞口的大石头，都有点闹心，他在原地左转三圈，右转三圈，下定了决心要搬走它。要知道，奔奔可是蚂蚁中鼎鼎有名的大力士，他鼓足力气，使劲地推了推，大石头像是生了根一样一动不动。

奔奔的小伙伴们这时从洞里出来了，看到奔奔正使出了吃奶的力气，搬这块大石头，吃惊地问：“奔奔，你在干什么呢？”

他们弄清了事情的原委后，都加入到了搬大石头的队伍里。可是石头实在太沉了，奔奔和小伙伴们忙活了大半天，石头纹丝不动。于是，大家纷纷出主意。

“要不，我们在石头旁边挖一条通道吧！”

“要不，我们请苹果鼠来帮忙吧！他搬这么大的石头应该是不费吹灰之力的！”

“不，吃自己的饭，流自己的汗，自己的事情自己干。”奔奔不但力气大，而且还喜欢动脑筋。

小伙伴们最后决定再挖出一个洞口。没费多少时间，就从石头旁边挖出一条通道，外出寻找食物去了。只剩下奔奔一个人在大石旁边发呆。

“太好啦！我有办法啦！”奔奔高兴地欢呼起来。

奔奔搬来一粒种子，将种子种在了石头下面湿润温暖的土壤里，不顾小伙伴们的讥笑，坚持每天给种子浇水。

过了几天，种子发芽了。小树芽不停地长高长大，终于有一天，当大家快要忘记这件事时，树芽将这块石头顶起来了一点点。

“大家快来看，这块石头被顶起来啦！”奔奔的同伴们终于发现了这个秘密。

“过不了多久，这块大石头就会被不断长大的小树芽推开的。”蚂蚁奔奔很有把握地说。

大家相信了奔奔的话，也一起给小树芽浇水，小树芽长得越来越高。终于在一个清晨，小树芽用力伸了一下腰，将压在它上面的大石头给顶翻了，原来的洞口又重新出现了。

由于前面是下坡，石头往前滚了老远才停下来，吓得树上的几只小鸟拍着翅膀飞走了。

听到动静后，大家都跑来高兴地欢呼。

“奔奔真聪明！”

“奔奔真了不起！”

小树芽长成了一棵小树苗，

奔奔和小伙伴们每天都快乐地在小树苗下做游戏。

宝宝，妈妈想对你说

宝宝，喜欢这只聪明的小蚂蚁吗？那么大的石头，谁也搬不动，可是，只要肯动脑筋，就一定能把石头搬开。而且，把石头顶开的竟然是一棵小树芽！这个世界上的事情就是这么奇妙！

1 分钟 胎教课堂

故事胎教不是给胎宝宝上文化课，其实是这种声音对胎宝宝大脑发育起着良性刺激的作用，刺激是一种信息，胎宝宝大脑神经系统的发育需要从外界获得信息。准妈妈通过吟、咏、诵、读为胎宝宝输送大脑发育所需要的信息，可使胎宝宝大脑组织及其机能更好地发育，得到这些信息的胎宝宝出生后在社会生活中也会显得更聪明。

准妈妈来读

宝贝，为了保护好肚子里的你，妈妈现在走路可慢可慢了，慢得就像蜗牛一样。哦，你还没见蜗牛呢，这可是一种很神奇的小动物哦，让我们一起读读下面这个蜗牛的故事吧。

蜗牛得了二等奖

今天是森林里最热闹的一天，森林大会即将揭晓全年跑步最快的动物了，据说还设立了两个奖项，分别是一等奖和二等奖，评奖的是森林之王狮子和森林里的智慧大师象先生。

没过一会儿，动物们都聚集在了森林广场上，主持人小猴子对着话筒说：“首先，我来宣布一等奖的得主，也就是全年跑步最快的动物——野兔。”

话音刚落，动物们立刻鼓起掌来，大家一致认为野兔确实跑得最快。

小猴子接着说：“下面是二等奖的得主——蜗牛。”

这次，动物们谁也没有鼓掌，大家静悄悄的，都觉得不可思议。

小山羊说：“蜗牛爬得那么慢，从来都没见他跑过，怎么会是二等奖的得主呢？”

小松鼠说：“蜗牛爬一个星期的路程，我只要一个小时，如果说蜗牛得奖了，那我更应该得奖才对啊？”

就连蜗牛自己也觉得很奇怪，他吃惊地问小猴子：“你刚才宣布的时候，是不是念错了？”

这时，森林之王狮子拿起了话筒，说：“大家静一静，听听我和大象的想法，我们在评选的时候除了考虑跑步的速度快慢，还需要考虑勤奋和努力。蜗牛在每次移动的时候，都要付出比其他动物更多的力气和时间，而且他还背了座房子，这是其他动物很难做到的。大家说对吗？”

动物们听完都纷纷点头，热烈的掌声再次响起来了。于是，蜗牛确确实实获得了二等奖。

宝宝，妈妈想对你说

森林里的小动物们真是太可爱啦，他们一定理解了蜗牛因为跑不快而沮丧的心情，所以特地给他颁发了一个二等奖，鼓励蜗牛呢！不过，小蜗牛一直背着壳走来走去，确实很棒哦。

准妈妈不能把吟、咏、诵、读当成心血来潮之事，想起来了就做一做，想不起来就置之度外。要把这种举动变成生活习惯，准妈妈每天都要抽出一定的时间这样做并持之以恒。

准妈妈来读

宝宝，你今天累了没有？妈妈觉得你今天在妈妈的肚子里就像个小运动员一样，跑来跑去的。现在，夜深了，妈妈也躺在床上准备睡觉了。在睡觉前，妈妈再给宝宝讲个小星星回家的故事吧！

送星星回家

一天晚上，刚刚吃饱饭的小熊到河边去散步，走着走着，小熊忽然看见河里有个东西正在一闪一闪地发光，就赶紧跑过去看个究竟。原来，河里正在闪光的是一颗小星星。小星星看到小熊，就大声说："小熊，小熊，快来帮帮我！我快被淹死了！"小熊忙安慰小星星说："你别害怕，我这就来帮助你。"

小熊赶紧从河边找来一根又细又长的木棍，想把小星星捞上来，可捞了半天，怎么都捞不上来。怎么办呢？小熊急得直跺脚。

突然，小熊想到一个办法："大象叔叔的鼻子不是很长吗？他一定能把小星星从河里吸上来。"小熊赶紧跑到大象叔叔家，只见大象叔叔正在砍木头。小熊就着急地说："大象叔叔，你先别砍木头了，小星星掉到河里啦！"

"真的吗？"大象叔叔问。

"是啊！"小熊说，"你快去救救他吧！"

大象叔叔放下手中的活儿，急忙跟着小熊一起赶到河边。大象叔叔看到河里的小星星后，向前面走一步，把鼻子伸到河里，用力一吸，一下就把小星星吸上来了。然后，他又用鼻子向天空用力一喷，发出了一道光线，小星星就这样又回到了天上！

小熊在一边见大象叔叔把小星星送回了家，拍着手高兴地说："大象叔叔，你太棒了！"

宝宝，妈妈想对你说

小星星在小熊和大象叔叔的热心帮助下，终于回到了自己的家。小熊和大象叔叔助人为乐的行为，真值得我们学习呀！宝宝，以后在你的人生道路上，当有人遇到困难时，你也要像小熊和大象叔叔那样，尽自己所能地去帮助他们哦！

1分钟 胎教课堂

大自然中新鲜的空气有利于胎宝宝的大脑发育，而且公园、田野、草地、森林中的负离子含量很多，对人的身心健康有益。所以，准妈妈不要总是闷在屋子里，而应该经常到户外、旷野中活动一下，呼吸这种有益于胎宝宝身心健康成长的"空气维生素"。

准爸爸来读

宝贝儿，我是爸爸。你知道吗？爸爸现在正在给妈妈捶背呢，妈妈可开心了！爸爸再给宝宝讲个有趣的故事，让宝宝也开心开心吧！

小狗找朋友

小狗有一个非常灵敏的鼻子，能分辨出上百万种不同的气味，还有一对非常灵敏的耳朵，能听见十几公里内很微弱的声音。但是，小狗有一个很大的缺点——就是爱偷懒，他不愿意自己去找吃的。

想来想去，小狗决定找一个能干的朋友帮自己去找吃的。他找到了狮子，说：“狮子，我们做朋友吧，我的鼻子很灵敏，能帮助你找到猎物，不过你抓到猎物后要分给我一些。”

狮子想：“我是森林之王，找猎物才不需要你帮忙呢。”便对小狗说：“我的鼻子也很灵敏，你去找别的动物做朋友吧。”

小狗又找到了灰狼，说：“灰狼，我们做朋友吧，我的耳朵很灵敏，能帮你找到猎物，不过你抓到猎物后要分给我一些。”

灰狼听了，哈哈笑道：“我的耳朵也很灵敏，而且，我都是和自己的同伴一块儿抓猎物，你还是去找别的动物当朋友吧。”

就在这时，小狗听见一声枪响。“对了，人类比狮子和灰狼都强大，也许我应该和人类做朋友。”

小狗找到了拿着猎枪的人，说：“人啊，我们做朋友吧，我有灵敏的鼻子和耳朵，能够帮助你抓到猎物，不过你抓到猎物后要给我分一些。”

人的耳朵和鼻子很不灵敏，一听小狗这么说，便高兴地说：“可以啊！”

从那儿以后，小狗便成了人类最好的朋友，帮助人类看家、打猎，人类则给小狗提供一顿顿美餐。

接近孕晚期，准妈妈会出现不同程度的下肢浮肿。为了预防下肢水肿，准妈妈可以多吃一些鲤鱼、鲫鱼、黑豆、冬瓜等有利水作用的食物，可以帮助体内水分由肾脏排出，缓解水肿症状。

准爸爸来读

我可爱的宝贝，宝宝和爸爸、妈妈见面的日子又近了，爸爸现在每天都盼望着这一天呢！嗯，又该给宝宝讲故事啦，这是爸爸每天最开心的时刻！

国王的三个问题

从前，有一个小男孩，特别聪明。别人问他什么问题都能回答出来，因此也远近闻名。国王不相信男孩有这么聪明，就想考考他。他把小男孩叫到王宫中，对他说：“你要是能答出我的三个问题，就让你跟我一起住在王宫里。”

小男孩点点头，说：“请国王问吧。”

国王说：“第一个问题是，世界上的海洋中有多少滴水？”

小男孩回答说：“尊敬的国王，请您下令把世界上所有的河流都堵起来，不再让一滴水流进海洋，这样我才能数清海洋里到底有多少滴水。”

国王满意地笑了。接着，他又问：“第二个问题是，天上有多少颗星星？”

小男孩回答说：“请国王给我一张很大很大的白纸。”

国王让人给小男孩拿来一张白纸，小男孩就用笔在白纸上点了许多很细很细的小点儿，细得几乎看不见，更没法数清。他说：“天上的星星就像我在纸上画的小点儿一样多，请让您的大臣来数数吧。”可是，谁都数不清这些小点儿到底有多少。

国王又满意地笑了。接着，他又问道：“第三个问题是，永恒有多少秒？”

小男孩回答说：“在我们国家的后面有一座金刚石山。这座山往上走要一小时，横走也要一小时，往里走同样要一小时。每过一百年，就会有一只鸟飞到山上来磨它的嘴巴。等整座山都被鸟磨平时，永恒的第一秒就算过去了。”

国王一听，哈哈大笑着说：“你真是个聪明的孩子！从现在起，你就跟我一起生活在王宫里吧！”

宝宝，妈妈想对你说

宝宝，你知道吗？智慧可以让人类受益无穷。故事中的小男孩最后能和国王一起住在皇宫，就是因为他拥有智慧的头脑，机智地回答出了国王的问题。亲爱的宝贝，等你出生后，妈妈愿意和你手拉着手去探寻人世间无穷智慧的奥秘。

准爸爸来读

乖宝宝，你好呀！今天是星期天，该让妈妈休息一下，让爸爸来给小可爱讲故事吧！宝宝有没有想爸爸呀？如果想爸爸了，就来弹弹妈妈的肚皮吧！嘿，真乖！

咕噜噜是破坏大王

小猴咕噜噜是出名的破坏大王，掏鸟蛋、捅蚂蚁窝，没啥事儿是他不敢做的。他跑到哪里，哪里的小动物们就要遭殃了。谁也不愿意和破坏大王咕噜噜交朋友，咕噜噜整天自己跟自己玩儿。

可是，有一天，咕噜噜突然觉得很寂寞，他走到哪里，哪里都是一片安静，就连最爱唠叨的银杏树都闭上了嘴巴。

“哎！看来我得换个地方玩儿了！”咕噜噜心想。于是，他连蹦带跳地跑出树林，沿着大路朝前走去。

走到半路，天上忽然下起了雨。咕噜噜跳到池塘的旁边摘了一片大荷叶，擎在手里就像一把雨伞。走着走着，咕噜噜发现前面有3只小鸭，正在雨里挤成一团，“嘎嘎嘎”地叫着妈妈。咕噜噜把荷叶往他们头顶一举，替他们挡住了雨水。小鸭子开心地抱住咕噜噜的腿，抖了抖身上的雨水，说：“猴哥哥，你真好！”

这时，鸭妈妈和鸭爸爸找来了，他们拉着咕噜噜的爪子，感激地说：“谢谢你，小猴子。”

咕噜噜心中漾出了一种奇怪的感觉，软软的、满满的，通红的小猴脸也更红了。他一把将荷叶塞给了鸭妈妈，迎着小雨跑远了，雨声中传来了咕噜噜害羞的声音：“不、不用谢。”

在那一刹那，咕噜噜终于尝到了快乐的滋味。原来，帮助别人才是最快乐的事呀！从此，森林里少了个破坏大王，多了个人见人爱的咕噜噜。

宝宝，妈妈想对你说

小猴咕噜噜从一个捣蛋鬼变成了人见人爱的小猴子，他也在帮助小鸭子的过程中发现，帮助别人是最美的。宝宝，妈妈也希望你知道，能够帮助他人，自己的人生才有价值。

1分钟胎教课堂

准妈妈可以利用每天的空闲时间为胎宝宝亲手缝制小衣服、小帽子、小被子、小鞋、小袜子等，一边一针针缝入妈妈的爱心，一边温柔地与胎宝宝说话，这种心情是到婴儿用品店购物所体会不到的。

准妈妈来读

亲爱的宝贝，我是最爱你的妈妈。现在，妈妈又要给乖宝宝讲故事喽！今天，妈妈要给乖宝宝讲个白桦树爷爷的故事。宝宝，你要喜欢听，就在妈妈的肚子里亲妈妈一下吧！

最美丽的变身

白桦树爷爷已经很老很老了，他的树干被虫蛀空，连啄木鸟医生都表示没有办法了。

“没关系，我的孩子”，白桦树爷爷微笑着跟担心自己健康的小白桦树说，“爷爷会变成另一种样子出现的”。白桦树爷爷安详地闭上了眼睛，他的躯干再也承受不住树身的重量，轰然倒塌。

小白桦树依依不舍地为白桦树爷爷送别：“再见了，亲爱的爷爷！”天空忽然下起了小雨，雨滴滴落在小白桦树碧绿的树叶上，就像一滴一滴的眼泪。

大雨连下了好几天，终于天晴了，白桦树爷爷的树叶肥沃了泥土，湿润的泥土散发着青草的芳香，冒出绿芽的小草们沐浴着阳光，舒展着身子。

在白桦树爷爷的树干上，冒出了一个又一个色彩靓丽的小蘑菇。有白色的，那是口蘑。有巧克力色的，那是香菇。还有色彩缤纷的彩色蘑菇，“哦，那个可不能吃，有毒。”兔子妈妈拦住了正拿着彩色蘑菇往嘴里送的小兔子。

小鹿也来了，他欢快地吃了白桦树爷爷身上长出来的绿苔，开心地呦呦叫着。

小兔子和小鹿都围着白桦树爷爷开心地喊着：“爷爷，爷爷，谢谢你的礼物。”

“爷爷，我们看到了，这是树木最美丽的变身。”风声呜呜，将小白桦树的声音传遍了整个森林。

宝宝，妈妈想对你说

宝宝，白桦树爷爷离开了，但又像没有离开一样。因为他为小兔子提供了好吃的蘑菇，为小鹿提供了好吃的绿苔。这告诉我们一个道理，一定要做个有用的人。

1分钟胎教课堂

准妈妈不要忽视了 DHA 的补充，因为 DHA 有助于胎宝宝的成长发育。孕期补充 DHA 能降低出现早产的风险，还能缓解女性产后抑郁情绪。DHA 还能促进胎宝宝脑神经和视网膜的发育。

目前，市面上常见的 DHA 营养品多是从深海鱼油中提取的，含有较多的 EPA，它能增加血液黏度，增加血流量，但准妈妈过量摄入 EPA 就容易失血。所以，准妈妈宜直接选择从藻类中提取的 DHA 营养品。

准爸爸来读

爸爸的小可爱，爸爸很爱你，你也爱爸爸，对不对？如果你也爱爸爸，就一起来和爸爸读一个动人的小故事吧！

发明飞机的莱特兄弟

很久很久以前，美国有一个牧羊人，家里很穷，靠给别人放羊来维持生活。牧羊人有两个儿子都非常聪明。一天，他们父子三人去山坡上放羊，走着走着，一群大雁从空中飞过。牧羊人的小儿子就问：“爸爸，看，大雁！它们这是要飞到哪里去呀？”

“冬天就快到了，大雁要飞到一个温暖的地方去过冬。”牧羊人说。牧羊人的大儿子听了，仰望天空，羡慕地说：“要是我们也能像大雁一样该多好啊，那我一定要飞得比大雁还高还远！”

小儿子也说：“是啊，大雁可以飞到很远的地方，如果我们也能飞，就不用每天放羊了，想去哪里就飞到哪里去。”

牧羊人沉默了一会儿，对两个儿子说：“孩子们，只要你们想飞，就一定能飞起来。像大雁一样，想飞到哪里就飞到哪里。”

两个孩子听了，马上就做了个飞的姿势。可是没有翅膀，根本飞不起来。

牧羊人说：“现在，让爸爸飞给你们看。”他也试着飞了几次，也没有飞起来。

尽管如此，牧羊人还是非常肯定地说：“爸爸飞不起来，是因为年纪大了。你们俩年龄还小，只要坚持努力，就一定能飞起来，飞到你们想去的地方。”

这两个孩子一直没有忘记爸爸的话，他们长大后，真的飞了起来，因为他们发明了飞机。这两个孩子，就是美国的莱特兄弟。

宝宝，妈妈想对你说

莱特兄弟通过自己的努力，终于发明了飞机。他们可真了不起，妈妈都很佩服呢！宝宝，要想成为一个对社会有用的人，实现自己的人生价值，就要像莱特兄弟那样，具有不畏艰难、坚持到底的精神，努力去追求自己的梦想。

1分钟胎教课堂

胎宝宝就要出生了，准妈妈可以写下自己对胎宝宝的期待，内容越详细越好，如做事认真负责，长得活泼可爱，乐于帮助别人等。做这样一个计划表，在胎宝宝出生后，把你的期待融入对宝宝的教育计划中，让他能够在各方面都有优异表现。

在写下这些期待时，一定要怀着美好的情绪，想象宝宝正如你所期待的那样。这种潜意识的期待也会让胎宝宝感受到，从而对他的大脑起到促进作用。

准妈妈来读

乖宝宝，晚上好呀！我们已经旅游了大半天了，妈妈带着你，有点累了，妈妈好喜欢桂林美丽的夜晚呀，明天肯定也是个大晴天。就像下面这个故事里的小树种一样，他也好喜欢阳光呢！

小树种的故事

有一粒小树种，不知道随风飞了多久，始终没找到一个让他可以生根的地方。

有一天，他被风带到了山坡上。小树种连蹦带跳地寻找，终于找到了一块光秃秃的土包。

“我可以在你这里扎根生长吗？”小树种问，他害怕被拒绝。

光秃秃的土包看了看可怜的小树种，不忍心再让他随风飘零，点了点头说：“欢迎你，请到我的怀里来吧！”小树种听了，高兴地钻进了土包的怀抱里。

慢慢地，小树种发了芽，他钻出了土包，每天都陪土包聊天。再后来，小树种越长越高，长得枝繁叶茂，每天都把远处的风景和故事讲给土包听。就这样，长成了参天大树的小树种和土包成了好朋友。他们朝夕相伴，每天都快乐地生活着。

有一天，突然乌云密布，狂风大作，一场暴风雨马上就要到了。山坡上那些光秃秃的土包都被吓得哆哆嗦嗦，害怕被雨水给冲跑了。

“小树种，我好害怕啊，雨水会把我冲跑的。”土包说。

“你别担心，有我在呢！你给了我丰富的营养，使我变得这样强壮，只要我用根须牢牢地抓着你，雨水就不会把你冲走。”小树种坚定地说。

天越来越黑，雨越下越大，小树种站在风雨中被吹得摇摇晃晃，但他依然咬紧着牙关，使劲地抓着土包不放。

经历了一夜的搏斗，终于雨过天晴了，金灿灿的阳光洒满了山坡。

小树种就像经历了一场噩梦，最终战胜了暴风雨，保住了脚下的土包。土包看着小树种，觉得他更高更壮了。

1分钟胎教课堂

准妈妈平时应特别留心自己的行为习惯，尽量多培养一些有益于身心的休闲活动，如散步、听优美抒情的音乐、唱一些欢快的歌曲、读一首小诗、读一些中外文学名著、观看展览等，陶冶情操，愉悦身心，会给胎宝宝带来更多的良性影响。

准爸爸来读

宝宝，你就快要出生了，你的奶奶，也就是爸爸的妈妈马上就要来咱们家照顾妈妈和你了。奶奶可是非常能干、非常聪明的哦！好了，接下来就开始读今天的故事喽！

老鼠兄弟种葫芦

鼠弟弟在路边捡了一粒种子，他把种子带回家，让鼠哥哥瞧，问：“哥哥，你知道这是什么种子吗？”

“不像花籽儿，可能是萝卜籽儿吧。”鼠哥哥犹豫着说。

鼠弟弟一听是萝卜籽儿，咧嘴笑了说：“把它种在院儿里吧，让它长成大萝卜。”

鼠哥哥把种子埋进地里，鼠弟弟天天浇水，盼着种子发芽。果然，没过几天，嫩绿的芽从土里钻了出来，就像小手，在和鼠弟弟打招呼呢。

“你好，小芽芽，你快快长吧，长出大萝卜！”老鼠弟弟趴在地上，笑嘻嘻地和绿芽说着话。

老鼠弟弟天天浇水，绿芽长啊、长啊，没有长成萝卜叶子，却长成一根绿藤趴在地上。

瞧着每天都在伸长的绿藤，鼠哥哥摇了摇头，说：“这哪儿是萝卜呀，好像是喇叭花。咱们给它立一根竹竿，让它往上爬吧。”

“唉，吃不着大萝卜了，那就等着看花吧。”鼠弟弟自言自语着，去找竹竿。

青藤顺着竹竿越爬越高，长出了很多绿叶，却没有开出一朵喇叭花。

鼠哥哥又在摇头：“这不是喇叭花呀，也许是丝瓜吧。咱们给它搭个棚架子，让它往架子上爬吧。”

鼠弟弟又高兴啦，说：“哥哥，也许是黄瓜呢，咱们搭个大大的棚架吧，让它多结瓜！”

棚架搭起来了，青藤在棚架上爬呀爬呀，没结黄瓜、也没结丝瓜，却长出了好多小葫芦。

小葫芦长成了大葫芦，鼠哥哥爬到架子上摘葫芦，鼠弟弟在架子下接着。

对话是很好的胎教方法。准爸爸可以通过胎教对话，向胎宝宝传达爱的语言，使准妈妈能够感受到孕育生命的宝贵，准爸爸也可以找到隐藏在内心深处的父爱。胎教方法虽然多种多样，却没有哪一种可以像夫妻胎教这样充满感动。准爸爸、准妈妈成为一体，将对方放到心里，一起经历心灵的旅程。

瞧着院里满地的葫芦，鼠弟弟挠挠头，说：“这么多葫芦不能吃，也没地方放，咱们白忙乎了。”

“葫芦也有用呢。”鼠哥哥指着一个大葫芦让弟弟看，说：“这个葫芦最大，送给熊爷爷当酒葫芦，多好呀。”

“好呀！”鼠弟弟摇晃着一个不大不小的葫芦，说：“这个葫芦能灌不少水，猴爷爷上山采药，正好背着它。”

老鼠兄弟把葫芦送给了熊爷爷和猴爷爷。第二天，河狸大叔来到了老鼠兄弟的院子。

“我看见猴爷爷背着个葫芦，他说是你们送的。”河狸大叔看看满地的葫芦，咧嘴笑着说：“这些葫芦都卖给我吧。”

鼠弟弟一听河狸大叔要买葫芦，差点儿乐晕过去。鼠哥哥问：“您买这么多葫芦干什么呀？”

“画画呀。”河狸大叔拿起一个葫芦端详着，说：“我在葫芦上画出脸谱、花鸟的图案，葫芦就值钱了。”

第二天，老鼠兄弟的院子里空空的，一个葫芦也没有了。老鼠哥哥在屋里数钞票，鼠弟弟着急地催哥哥，说：“咱们去买大萝卜吧，还有黄瓜、苹果。”鼠哥哥却“哎呀”叫了一声，他一拍脑袋，对弟弟说：“咱们忘了留下葫芦籽了，我想明年再搭两个架子，还种葫芦。”

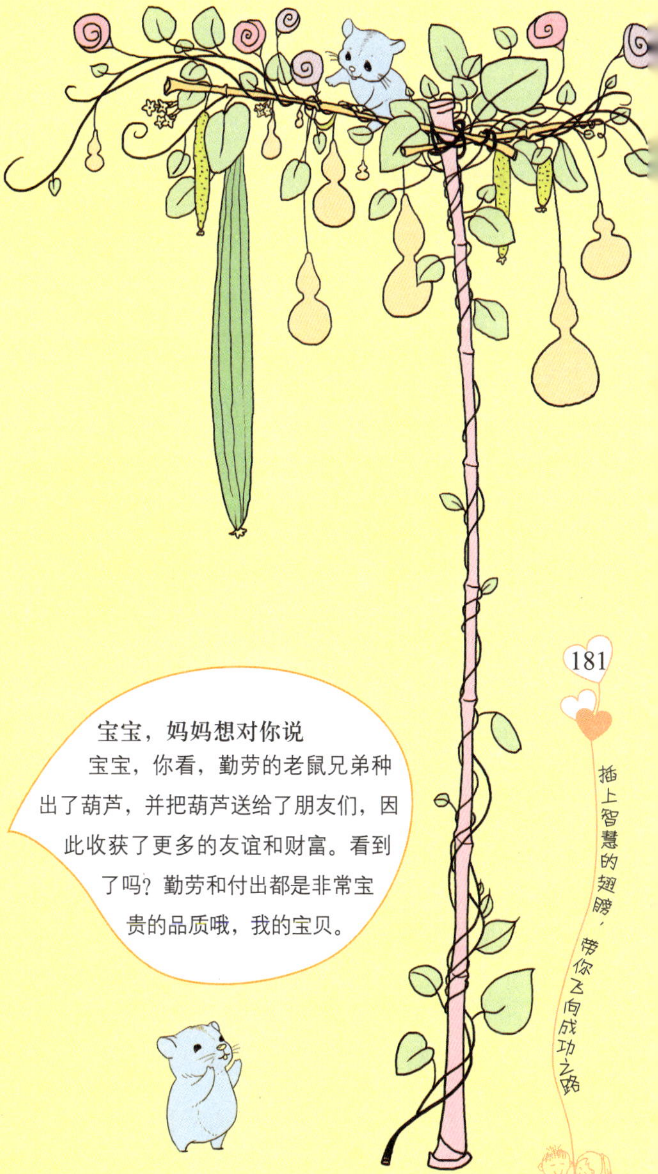

宝宝，妈妈想对你说

宝宝，你看，勤劳的老鼠兄弟种出了葫芦，并把葫芦送给了朋友们，因此收获了更多的友谊和财富。看到了吗？勤劳和付出都是非常宝贵的品质哦，我的宝贝。

准妈妈来读

亲爱的乖宝宝，你现在干什么呢？嗯，让妈妈猜猜！啊，妈妈觉得你现在正在给妈妈挠痒痒呢，因为妈妈的肚皮现在感觉好痒的！好啦，妈妈来给宝宝讲个故事，让小宝宝也休息一下吧！

小鹿运水

这天，天气晴朗，微风习习，草原上正在举行动物智力竞赛。所有的小动物们都来了，大家都想在竞赛中获胜，拿到奖杯。

这次智力竞赛的主席是大象伯伯。他指了指身边的奖杯说："你们看，这奖杯多漂亮啊！大家可要加油哦！"

接着，大象提来两只装满水的桶，放在一座独木桥边，说："我们今天的比赛项目就是运水！"

"运水？"小动物们看见眼前的两个大水桶，有的摇头，有的伸舌头。

大熊的力气大。他走到水桶边，说："先让我来试试吧！"大熊提起水桶，摇摇晃晃地走上独木桥。谁知一紧张，"扑通"一声，大熊就跌入了河里！

"哈哈！"

"嘻嘻！"

小动物们都忍不住大笑起来。

这时，小鹿不慌不忙地走到水桶边，说："让我来试试吧！"他提起水桶就走上了独木桥。小鹿小心地弯着腰，把两只水桶放到河水里，水桶漂在水面上，这样运起来就一点都不费力了！小鹿顺利地把水桶运过了河。

小动物们都欢快地为小鹿鼓掌，大象还亲自把奖杯送到他手里，说："你真是个聪明的小家伙啊！"

宝宝，妈妈想对你说

小鹿虽然力气小，可他却利用自己的聪明才智顺利地拿到了奖杯。宝宝，你说小鹿是不是很棒？这个故事告诉宝宝，遇到问题要积极开动脑筋，通过智慧灵活地解决问题。妈妈相信，宝宝以后一定也会像小鹿那样棒！

准妈妈平时可以多欣赏一些艺术作品，如参观工艺美术、历史文物展览等。能经常欣赏到这些经典之作，对激发准妈妈热爱生活的情怀、提升个人的审美能力等，都有很大的帮助，还能激发胎宝宝的审美潜能，让胎宝宝置身于美好的母体环境，受到美的熏陶。

乖宝宝，今天妈妈向爸爸告状了，说宝宝踢她了，踢得妈妈都叫起来啦！爸爸告诉妈妈，这一定是宝宝吃饱了，要活动活动小胳膊、小腿儿，对不对啊？好几天没听爸爸讲故事了吧？今天爸爸就给宝宝讲一个很有智慧的故事。

卖油翁

陈康肃是个神箭手，能射中一百米之外树上的叶子，他也因此备受人们的称赞，而变得非常自负。

一天，陈康肃像往常一样在自家的园圃里练习射箭，许多人都围在他的身边，想一睹他的箭法。陈康肃也很露脸，十有八九都能射中靶心，引得围观的人们大声喝彩。陈康肃十分得意。

这时，来了一个挑着担子卖油的老头，只见他放下担子，也站在一旁观看起来。不过，他并不像其他人一样喝彩。对于卖油老头这种轻视的态度，陈康肃很生气。

他问老头道：“你也懂得射箭吗？我的箭法不好吗？”

老头微微一笑，说：“射箭准不算什么难事儿，多练练就好了。”

陈康肃更生气了，直接质问老头道：“你凭什么这么说？”

只见老头平静地拿出一个葫芦放在地上，接着他将一枚铜钱盖在葫芦嘴儿上，又顺手从桶里舀了一瓢油，从铜钱的小孔里往葫芦嘴里倒油。

围观的人看见油顺着油瓢流出，变成了一条细细的线，像被施了魔法一样，乖乖地通过铜钱的小孔流进了葫芦里，等油瓢里的油都倒完，铜钱的小孔上竟然没有一点油星。真是太令人惊叹了！周围的人纷纷喝彩。

老头笑着摆了摆手，说：“这实在不算什么，只是熟能生巧而已。想学到真本事，一定要多多练习。”

陈庚肃听到这里，万分尴尬，赶紧起身给老头拱手作揖，说：“谢谢老人家的提点。”

宝宝，妈妈想对你说

宝宝，你说故事里的卖油翁是不是非常厉害？可是他从来也不因此而感到骄傲，说明他内心是非常强大的。爸爸希望你也能领悟到卖油翁说的道理，不骄不躁，厚积薄发。

准妈妈来读

宝宝，今天你又在妈妈的肚子里翻跟头了，妈妈觉得自己的肚皮都要被你撑破啦！先别翻跟头了，来听妈妈讲一个小男孩的故事吧。

巨人的帽子

哈利的妈妈生病了，躺在床上发着高烧。看着妈妈苍白的脸，哈利不停地向天使祈祷。

在他的祈祷下，一个天使出现了，她对哈利说："村子的尽头是一片大森林，如果你能穿越森林，到达白云镇，就能在那儿买到医治你妈妈的药。不过，森林里有一些脾气很大的巨人，你千万不要惹怒他们。"

哈利感谢天使的指点，便向着森林出发了。他在森林里走着走着，忽然看见两个巨人在向他招手，哈利不敢惹怒巨人，只好向着巨人走了过去。

一个巨人对哈利说："这儿有一顶神奇的帽子，戴上帽子的人想去哪儿就去哪儿，我们两个都想要。可是，我们的力气一样大，谁也斗不过谁，你说这顶帽子该归谁？"

哈利谁也不敢得罪，便说："这样吧，我戴着帽子走远一点，你俩谁先到我这儿，就把帽子给谁。"巨人们觉得很公平，便答应了。

可是，就在戴上帽子的瞬间，哈利就到达了白云镇，他顾不上两个巨人了，在白云镇买到了药，然后戴上帽子瞬间又回到了家，给妈妈吃上了药。

看着妈妈的脸色渐渐红润起来，哈利这才想起两个巨人来，便又回到了森林里。两个巨人一看哈利，十分生气，说："你这个偷帽子的贼，竟然还敢露面。"

哈利恭敬地将帽子放到地上，说："我不是有心拿走你们的帽子，现在物归原主。"说完，哈利就离开了森林。

至于那顶帽子最后戴在了谁的头上，谁也不知道。

1分钟胎教课堂

胎宝宝发育需要适宜的环境，也需要各种刺激和锻炼。胎宝宝除生理需要外，还需要一些与精神活动有关的刺激和锻炼。例如，准爸爸可以与准妈妈开开适度的玩笑，幽默风趣的话语会使准妈妈的感情更丰富；陪准妈妈观看喜剧影片，让准妈妈与久别的亲人重逢；陪准妈妈做短途旅游等，让她的情绪出现短暂的、适度的变化，给未出世的孩子提供丰富的精神刺激和锻炼，以适应当今社会快节奏变化的需要。

准妈妈来读

宝宝，你吃饱了吗？妈妈可吃得饱饱的哦，正要和你聊天呢！有一天，你也会长大，会像故事中的小动物一样去幼儿园，跟小朋友一起玩。好啦，先听听小动物的幼儿园故事吧。

小动物幼儿园

秋天来了，大家开始储存过冬的粮食，忙碌极了。可是小宝宝们没有人照顾怎么办呢？妈妈们商量来商量去，决定成立一个幼儿园，专门找个老师来照顾宝宝们，这样她们就可以放心地储存冬粮了。

新幼儿园很快就成立了，猪妈妈承担了照顾小宝宝的重要责任。第一天，小宝宝们都高高兴兴地去幼儿园了，这一天过得很愉快。

正当妈妈们都松了一口气的时候，问题就来了。第二天，不管松鼠妈妈怎么哄，小松鼠都哭着不肯离开家半步。这一天，松鼠妈妈没能出去寻找冬粮。

第三天，小宝宝们倒是都去了幼儿园，可小田鼠却哭闹了一整天，要找妈妈。小熊也不高兴，一个人坐在角落里，不和大家一起玩儿。只有小猪每天都很开心，因为猪妈妈一直在身边陪着她呢。

其他妈妈都十分头疼地说：“平时孩子们很喜欢在一起玩儿的，怎么一去幼儿园，就这么多问题呢！”她们想啊想啊，终于，熊妈妈想出了个好点子，说：“让我们轮流去幼儿园带宝宝吧。”

第四天，熊妈妈对小熊说：“今天妈妈当老师，我们不去幼儿园了，而是邀请小朋友们来家里玩儿，好不好？”

小熊高兴地蹦了起来，说：“好哇，好哇。”这一天，小朋友们过得开心极了。

第五天轮到兔子妈妈当老师，第六天轮到田鼠妈妈当老师……让妈妈们轮流当老师，果然是一个非常棒的主意。小宝宝们每天跟着妈妈老师各家各户串门，玩儿不一样的新鲜游戏，每天都过得快乐无比，而妈妈们也终于可以腾出手来，安安心心地储存过冬的粮食了。

1分钟胎教课堂

当胎宝宝感到躁动不安时，准妈妈就给他放一首《摇篮曲》吧。这种曲子具有很好的安神、催眠作用，还有利于胎宝宝想象力的发展，既能促进胎宝宝的发育，又能抚慰情绪，为胎宝宝的早期音乐启蒙打下很好的基础。

准爸爸、准妈妈一起读

晚上好，我可爱的小宝贝，爸爸、妈妈今天要一起给你讲故事，因为这个故事太有趣了！爸爸、妈妈要和宝宝一起分享这个生动的小故事！来，我们开始吧！

猴子卖东西

猴子当了百货商店的售货员，可高兴啦。大熊经理说：“先别高兴，你瞧瞧店里堆着这么多的东西，得想办法赶快卖出去。”猴子瞧瞧货架，堆的都是鞋刷、肥皂，最上边还有好多浇花用的喷壶。屋角还有个大麻袋，打开一瞧，袋子里都是织渔网用的丝线。

猴子问大熊经理道：“怎么都是不好卖的东西，这些鞋刷得多少年才能卖光啊？”大熊经理拍拍猴子的肩膀，嘿嘿笑着说：“好卖的东西都卖光啦，等你把这些东西也卖出去，咱们就装修门面，改卖家电。”

怎样才能把这些东西卖出去呢？猴子挠着脑瓜，想主意。

猴子听说河马大叔这几天牙疼得厉害，就带着一把鞋刷去河马村看河马大叔。他劝河马大叔到医院看看，又把鞋刷送给河马大叔当牙刷。猴子说：“您以后天天刷牙，牙疼病就会好了。”

河马大叔连续刷了十几天的牙，他说刷牙的感觉太好啦，嘿，牙不疼了，嘴里也变得清爽啦。这一下，在河马村住的河马们都抢着到猴子的店里买鞋刷来了。

小象们在河边的草地上玩儿，猴子也来啦。他用一根塑料管蘸着盆里的肥皂水吹泡泡。塑料管吹出的泡泡真大，像电灯泡，一串一串大泡泡飘上了天。小象们围过来瞧，猴子教小象用鼻子吹泡泡。小象的鼻子在肥皂水里搅了搅，再扬起来，哈，一个大泡泡吹出来了！

1分钟胎教课堂

现在有一种胎教方式叫“子宫对话”，简单地说其实就是“妈妈与宝宝的沟通方法”。在“对话”时，准妈妈把自己的情感传达给胎宝宝。虽然隔着肚皮，但胎宝宝仍然能够感知得到。只要准妈妈用心、用爱来对待胎宝宝，经常跟胎宝宝说话，就能对胎宝宝的脑部发展产生有效的刺激。

准妈妈来读

宝宝，你出生的日子越来越近了，妈妈现在又紧张又激动！不过，爸爸安慰妈妈说，宝宝心疼妈妈，一定会平平安安地出来的，对不对？好吧，为了缓解妈妈的紧张情绪，宝宝来和妈妈一块儿读个小故事吧！

不去祝寿的小蝙蝠

凤凰有一身美丽华贵的羽毛，也是森林中的百鸟之王，小鸟们每天都要向凤凰问早安。凤凰要过生日了，小鸟们都带着礼物参加凤凰的生日聚会。

小麻雀带来了用鲜花编的花环，喜鹊的礼物是“叮叮”响的脚环，还有小乌鸦、甜嘴鹦鹉等，都送了礼物，数都数不过来。

可凤凰有点不高兴，为什么呢？因为，她发现小蝙蝠没有来。

凤凰把他找来，大声说：“你在我的管辖之下，竟敢不来给我拜寿？”

小蝙蝠伸出自己的小脚掌，表现出很可怜的样子说：“鸟大王，你看我有脚啊，我不是鸟，是动物。”

过了一天，森林中的百兽之王麒麟过生日，小动物们都来给麒麟拜寿，生日宴会的场面更大了。小蝙蝠还是没有来。

麒麟便派老虎把小蝙蝠带来，大声地责怪道：“你竟敢不参加我的生日聚会，你想不受我管吗？”

小蝙蝠扇着翅膀，很委屈地说：“大王啊，不是我不想来，我是一只鸟啊，不是动物。”

一天，凤凰和麒麟见面了，他们聊起来过生日的事情，才知道小蝙蝠是怎么说的。但小蝙蝠说的也有道理，所以，百鸟大王凤凰和百兽大王麒麟直叹气，却都拿小蝙蝠没有办法。

就这样，小蝙蝠既没有给凤凰拜寿，也没有参加麒麟的生日宴会，他用智慧给自己赢得了独立。

宝宝，妈妈想对你说

妈妈告诉你哦，蝙蝠是一种非常奇特的生物，他的样子长得像小老鼠，却又长了一对会飞的翅膀，而且白天都躲在黑暗的洞穴里睡觉，只有在黑黑的夜晚才会出来找吃的。是不是很好玩呢！

准爸爸来读

嗨，我的乖宝贝，今天一定很开心对不对？因为爸爸已经看到你在妈妈的肚子里拍手啦！爸爸要给宝宝讲故事了。要是喜欢爸爸讲故事，就再拍拍手吧！

聪明的小男孩

最近，海里出现了许多的箭鱼，它们长着又尖又长的脑袋，就像真的箭一样。这些箭鱼在海面上跳来跳去，总是把渔民们扎得浑身是伤。

宝宝，妈妈想对你说

宝宝，小男孩的主意太棒了，只需要一段椰子树的木头，就可以战胜厉害的箭鱼了！连妈妈都非常佩服他呢！

有些准妈妈在进行胎教时，往往一心二用，如边听音乐边做家务，其实这样听音乐并不能很好地起到胎教作用。有条件的准妈妈一定要选择放松的姿势，安静地坐下来或躺下来，全神贯注地去感知胎宝宝，并和胎宝宝建立起联系，然后再选择自己喜欢的音乐，和胎宝宝一起聆听，还可以把感受传递给胎宝宝。

渔民们想用渔网把箭鱼网住，但箭鱼会用尖尖的脑袋把渔网扎破。这下可怎么办呢？渔民们都是靠打鱼来维持生计的，如果不能出海打鱼就很难生活下去了。

有一个小男孩非常聪明，他看到渔民们被箭鱼扎伤，心里很难过。于是，他就经常一个人坐在海边想对策。

看啊，他又坐在海边想办法了。不过这次，他背靠着一颗椰子树。忽然，小男孩一拍脑袋，高兴地说：“我想到了一个好办法。椰子的树干那么硬，如果把椰子的树干砍倒，然后扎成一个盾牌，就可以保护渔民们不受箭鱼的攻击了。”

小男孩把自己的办法告诉了渔民们，大家也都认为这是一个好主意。果然，当渔民们带上椰子树盾牌出海的时候，箭鱼不仅没法伤害到渔民，还会把自己的尖脑袋插到椰子树干上，怎么拔也拔不下来。渔民们这下就可以轻松地抓到箭鱼了。

没过几天，海面上的箭鱼就减少了，因为一部分箭鱼被渔民们抓走了，还有一部分箭鱼被吓跑了。渔民们又过上了平静、幸福的生活，而聪明的小男孩征服箭鱼的故事也一直流传下来。